Dr Annick Vincent

Mon cerveau a ENCORE besoin de

LUNETTES

LE TDAH CHEZ L'ADULTE

Guide pratique et sympathique pour mieux vivre avec le trouble du déficit de l'attention avec ou sans hyperactivité

LES ÉDITIONS
Quebecor

Catalogage avant publication de Bibliothèque et Archives nationales du Québec et Bibliothèque et Archives Canada

Vincent, Annick

Mon cerveau a encore besoin de lunettes : le TDAH chez l'adulte

(Collection Psychologie)

ISBN 978-2-7640-1541-4

1. Hyperactivité chez l'adulte. 2. Hyperactivité chez l'adulte - Traitement. 3. Hyperactivité chez l'adulte - Aspect génétique. I. Titre. II. Collection: Collection Psychologie (Éditions Quebecor).

RC394.A85V56 2010   616.85'89   C2010-940567-6

Pour en savoir davantage sur nos
publications, visitez notre site:
www.quebecoreditions.com

Dépôt légal : 2010
Bibliothèque et Archives nationales du Québec

Éditeur : Jacques Simard
Conception de la couverture: Bernard Langlois
Conceptrice graphique : Marianne Tremblay
Illustratrice : Nadia Berghella

Imprimé au Canada

Gouvernement du Québec – Programme de crédit d'impôt pour l'édition de livres – Gestion SODEC.

L'Éditeur bénéficie du soutien de la Société de développement des entreprises culturelles du Québec pour son programme d'édition.

Nous reconnaissons l'aide financière du gouvernement du Canada par l'entremise du Programme d'aide au développement de l'industrie de l'édition (PADIÉ) pour nos activités d'édition.

DISTRIBUTEURS EXCLUSIFS:

• Pour le Canada et les États-Unis :

MESSAGERIES ADP*
2315, rue de la Province
Longueuil, Québec J4G 1G4
Tél.: (450) 640-1237
Télécopieur: (450) 674-6237
* une division du Groupe Sogides inc.,
filiale du Groupe Livre Quebecor Média inc.

• Pour la France et les autres pays :

INTERFORUM editis
Immeuble Paryseine, 3, Allée de la Seine
94854 Ivry CEDEX
Tél. : 33 (0) 4 49 59 11 56/91
Télécopieur: 33 (0) 1 49 59 11 33

Service commande France Métropolitaine
Tél. : 33 (0) 2 38 32 71 00
Télécopieur: 33 (0) 2 38 32 71 28
Internet: www.interforum.fr

Service commandes Export – DOM-TOM
Télécopieur: 33 (0) 2 38 32 78 86
Internet: www.interforum.fr
Courriel: cdes-export@interforum.fr

• Pour la Suisse:

INTERFORUM editis SUISSE
Case postale 69 – CH 1701 Fribourg – Suisse
Tél. : 41 (0) 26 460 80 60
Télécopieur: 41 (0) 26 460 80 68
Internet: www.interforumsuisse.ch
Courriel: office@interforumsuisse.ch

Distributeur: OLF S.A.
ZI. 3, Corminboeuf
Case postale 1061 – CH 1701 Fribourg – Suisse

Commandes: Tél. : 41 (0) 26 467 53 33
Télécopieur: 41 (0) 26 467 54 66
Internet: www.olf.ch / Courriel: information@olf.ch

• Pour la Belgique et le Luxembourg:

INTERFORUM BENELUX S.A.
Fond Jean-Pâques, 6
B-1348 Louvain-La-Neuve
Tél. : 00 32 10 42 03 20
Télécopieur: 00 32 10 41 20 24

Avant le départ

Mon cerveau a ENCORE besoin de lunettes est un livre accessible qui expose clairement et simplement les connaissances à la fine pointe des recherches sur le TDAH à l'âge adulte. À ma connaissance, c'est le seul livre qui traite des ressources, de la médication et des services offerts aux adultes canadiens. Il s'agit également du seul livre en français qui aborde ce sujet.

Annick Vincent possède des compétences uniques. Elle est une clinicienne sensible et expérimentée. Elle comprend le TDAH adulte non seulement en tant que médecin, mais également du point de vue du patient. Elle maîtrise très bien la littérature scientifique sur le sujet. Enfin, et c'est le plus important, elle met ses compétences au service de la population grâce à sa grande capacité à transmettre des connaissances complexes avec beaucoup de clarté et de simplicité.

Il y a toujours eu des adultes atteints de TDAH. Toutefois, cela fait très peu de temps que nous voyons comment ce problème affecte les gens et comment nous pouvons les aider. Les adultes atteints de TDAH peuvent maintenant mieux comprendre leur expérience et les options qui s'offrent à eux. Je pense que tous les médecins peuvent compter sur ce livre pour aider leurs patients adultes à obtenir des informations justes et objectives.

Margaret Weiss
Médecin psychiatre

MER BALTIQUE

GOLFE DE VINLANDE

GOTHIE · Gotland

LIVONIE

ESTHONIE

CURLANDE

Samogitie

DANEMARC

Holstein

Zelande

Schonen

LITHUANIE

PRUSSE

POLOGNE

POMERANIE

Mazovie

de Brandebourg

Berlin

GRANDE POLOGNE

VARSOVIE

Polesie

SAXE
Haute

Saxe Basse

Silesie

PETITE POLOGNE

Volhinie

ALLEMAGNE

Franconie

Russie

BOHEME

Moravie

Podolie

BAVIERE

AUTRICHE

Styrie

Pokutie

MOLD

Munich

Tirol

Carinthie

HONGRIE

Transilvanie

Carniole

Croatie

VALAQUIE

GOLFE

Bosnie

Servie

Bulgarie

TURQUIE D'EUROPE

Itinéraire

TABLE DES MATIÈRES

Consultez notre lexique du voyageur à la page 90, pour une traduction sympathique des **termes** qui vous sont étrangers. Bon voyage !

Mot de l'auteure

ANNICK VINCENT

Un gros merci aux adolescents et adultes atteints du trouble du déficit de l'attention avec ou sans hyperactivité (TDAH) qui ont partagé avec moi leurs histoires, leurs combats et leurs succès. C'est grâce à vous qu'est né le projet du livre pour enfants *Mon cerveau a besoin de lunettes* et c'est aussi pour vous et avec vous que le livre pour adultes *Mon cerveau a ENCORE besoin de lunettes* a vu le jour.

Un merci chaleureux aux intervenants dans le milieu, aux proches, aux professionnels de la santé et aux scientifiques qui, chacun à leur façon, tentent de mieux comprendre la complexité de ce trouble neurodéveloppemental et d'y trouver des solutions, ou « paires de lunettes », qui conviennent.

Merci mille fois à tous ceux qui ont cru en ce projet et qui ont aidé à le mener à terme. Un merci tout spécial à mon conjoint, mes enfants, ma famille, mes amis et mes collègues. Votre appui, vos idées et votre dynamisme ont été et seront toujours très précieux.

Ce livre a été longtemps mûri. Je l'ai intitulé *Mon cerveau a ENCORE besoin de lunettes* pour plusieurs raisons.

Le TDAH est un trouble neurologique qui se manifeste dès l'enfance par des symptômes d'inattention et/ou d'hyperactivité/impulsivité. Les outils pour en réduire les symptômes agissent comme des lunettes pour le cerveau en l'aidant à se concentrer ou en freinant la bougeotte. L'intensité des symptômes peut être réduite à l'aide d'une médication appropriée qui agit comme des « lunettes biologiques », et l'impact des symptômes peut être atténué grâce à des mécanismes d'adaptation que j'appelle ici « lunettes psychologiques ».

Mon premier livre, *Mon cerveau a besoin de lunettes,* décrit les types de lunettes disponibles pour les enfants atteints. Il contribue à aider plusieurs jeunes et moins jeunes à démystifier ce qu'est le trouble du déficit de l'attention avec ou sans hyperactivité chez l'enfant. Comme plus de la moitié des enfants atteints de TDAH en gardent des symptômes à l'âge adulte, ils ont ENCORE besoin de lunettes et ont avantage à connaître quels sont les outils disponibles pour eux, les grands.

Ce livre se veut un guide pour explorer l'univers du TDAH jusqu'à l'âge adulte. Comme au cours d'un voyage, le lecteur poursuit son itinéraire avec deux sympathiques guides, Monsieur Grouille et Madame Oups ! Au fil des clins d'œil humoristiques, ces personnages caricaturaux conduisent le lecteur dans sa découverte du TDAH. Les récits d'adultes sont des textes écrits par deux hommes qui partagent avec nous leur vécu, leur récit de voyage, avec le TDAH. Les autres témoignages présentés au cours du livre sont fictifs, mais basés sur des faits vécus. Les noms et certains détails ont cependant été modifiés pour préserver l'anonymat.

Ce livre s'adresse à tous : au parent de l'enfant qu'il voit grandir avec son TDAH, à l'ado et à l'adulte qui se questionnent quant au TDAH, à celui qui vit depuis son jeune âge avec le TDAH, à ceux qui sont simplement curieux ou aux nombreuses personnes qui désirent mieux comprendre cette réalité afin d'aider quelqu'un qu'elles connaissent.

À chacun, bonne lecture et bon voyage de découvertes !

Annick Vincent
Médecin psychiatre

Récits d'adultes vivant avec le TDAH

Depuis mon tout jeune âge, je vis avec les conséquences du TDAH. Étant jeune, en plus d'un manque d'attention, je vivais avec l'hyperactivité. D'ailleurs, mes parents m'ont déjà dit qu'ils avaient connu le voisinage en « courant après moi » ! J'ai eu un diagnostic de TDAH vers l'âge de quatre ans. Mes parents, ne connaissant pas bien les effets secondaires, n'ont pas cru bon d'utiliser un médicament pour réduire mes symptômes. Mes années scolaires furent un véritable enfer : mauvais comportements, agitation continuelle, oublis de plusieurs détails dans les travaux, etc. Étant donné que j'avais un caractère bouillant, les conséquences sur ma vie sociale étaient importantes. J'avais une faible estime de moi-même, et ce, surtout à cause de mon incapacité à nouer des liens affectifs avec mes pairs. Mon adolescence fut ponctuée de déceptions amoureuses, familiales, sociales et personnelles. Vers l'âge de 20 ans, j'ai chuté : diagnostic de dépression majeure et épisodes d'anxiété importante. Après plusieurs consultations médicales, j'ai été dirigé vers un centre psychiatrique spécialisé en TDAH. Effectivement, mes symptômes de TDAH commençaient à peser lourd dans la balance. Après avoir fait un diagnostic, on me prescrivit un premier médicament, puis un deuxième. Malheureusement, ceux-ci ne m'aidaient que très partiellement. Dernièrement, l'essai d'un médicament différent m'a apporté un immense soulagement. Cet outil, ou « paire de lunettes biologiques », me permet de contrôler mon impulsivité, mon manque d'attention et ma mémoire « hyperactive » de manière adéquate. Je souhaite maintenant entreprendre une démarche en psychothérapie pour m'aider à franchir un autre bout de chemin et à mieux vivre avec mon TDAH au quotidien.

Mathieu, 25 ans

En y réfléchissant bien, je constate que j'ai toujours été un « gars de dernière minute ». Par contre, ça n'avait jamais représenté un gros problème pour moi. Quand je me mettais à produire, la pression intérieure mettait mon système à grande vitesse. L'adrénaline me permettait de travailler 24 heures d'affilée et de donner les résultats attendus.

Mais après avoir subi une opération qui avait nécessité une longue convalescence, tout semblait avoir changé. Mon retour au travail s'était rapidement transformé en cauchemar. Dès que je me mettais à l'ouvrage, j'étais assailli par mille pensées qui n'avaient rien à voir avec la tâche à accomplir… Au début, j'essayais de me raisonner, de faire des efforts pour me concentrer sur ce que j'avais à faire, mais je n'y arrivais pas.

Alors je sentais une pression qui se développait au fond de moi, lentement. Puis, c'est devenu perceptible physiquement. Je ressentais des palpitations. Je devenais une boule de fébrilité. Je me sentais rempli d'une énergie intense, qui tournait complètement à vide. Aucun raisonnement ne pouvait venir à bout de la paralysie mentale que ces phénomènes produisaient. Le résultat était toujours le même : je quittais ma table de travail sans avoir produit quoi que ce soit d'utilisable. Je me sentais de plus en plus incapable, inutile, incompétent… Bref, j'avais de plus en plus fréquemment des idées sombres quant à mon avenir sur cette planète.

Ma conjointe m'a alors suggéré d'aller chercher de l'aide. Après quelques démarches infructueuses, j'ai rencontré une psychologue qui m'a mis la puce à l'oreille au sujet du TDAH. C'est elle qui m'a orienté dans la bonne direction, ce qui m'a enfin permis d'obtenir l'aide professionnelle dont j'avais besoin.

Évidemment, mes difficultés ne sont pas disparues comme par enchantement. Maintenant, si je veux vivre une vie qui en vaille la peine, une vie productive, je dois penser à mieux gérer mes réserves d'énergie. Heureusement, j'ai une nouvelle « paire de lunettes biologiques » qui m'aide à conserver un meilleur équilibre et je peux compter sur un bon réseau.

André, 58 ans

Mythes
et réalités

Même si elles présentent les meilleures intentions du monde, certaines personnes ont encore des idées préconçues quant au trouble du déficit de l'attention avec ou sans hyperactivité (TDAH). Avant d'aller plus loin, il importe de distinguer les mythes de la réalité.

Mythe :

LE TDAH EST UNE NOUVELLE MALADIE INVENTÉE PAR LA MÉDECINE.

Réalité : La littérature scientifique rapporte des descriptions de cas d'enfants agités et **lunatiques** depuis plus d'un siècle. Déjà au début du vingtième siècle, des scientifiques émettaient l'hypothèse que ces comportements anormaux n'étaient pas sous le contrôle de la volonté, mais bien liés à des **problèmes neurologiques.**

C'est dans les années trente que des médecins ont constaté que la prise d'amphétamines réduisait l'intensité des symptômes du TDAH.

Jusqu'à la fin des années quatre-vingts, la médecine portait surtout attention aux aspects moteurs (bougeotte et impulsivité) plutôt qu'aux aspects cognitifs du TDAH. Cette décennie a été le berceau d'études en génétique, études qui se poursuivent encore actuellement à des niveaux très avancés. C'est aussi à ce moment que l'attention des cliniciens et des chercheurs s'est tournée vers les **difficultés cognitives** des patients comme la distractivité, les oublis, la **procrastination,** les difficultés à démarrer et l'éparpillement.

Avec les années quatre-vingt-dix, on est entré dans « la décade du cerveau ». Plusieurs nouvelles technologies ont permis d'acquérir de nouvelles connaissances sur le fonctionnement du cerveau. Des études utilisant des technologies de pointe, comme l'**imagerie cérébrale fonctionnelle,** ont démontré que le cerveau des gens atteints de TDAH fonctionne différemment. Cependant, ces techniques ne constituent pas des outils diagnostiques.

Mythe :

Réalité : On ne connaît pas les causes exactes du TDAH. Les études scientifiques ont démontré que le TDAH est un **problème neuro-développemental** qui est transmis souvent d'une génération à l'autre. Il n'a cependant rien à voir avec la façon d'élever les enfants. Dans la majorité des cas, il est transmis génétiquement, un peu comme le sont la grandeur et la couleur des yeux ou des cheveux. Dans des cas plus rares, des problèmes neurologiques subis en bas âge, associés par exemple à des difficultés lors de la grossesse ou à l'accouchement, à des infections ou à des traumatismes au cerveau, peuvent entraîner le même tableau clinique.

Cependant, **la façon d'éduquer un enfant qui a un TDAH influencera grandement l'adulte qu'il va devenir.** Cela agira sur le développement de l'estime de soi et l'apparition d'anxiété, de dépression ou de toxicomanie. L'entourage a aussi un impact sur l'intensité des problèmes de comportement qui sont associés au TDAH. Un environnement encourageant, compréhensif et stimulant favorisera une bonne évolution de la personne et aidera aussi à réduire les handicaps et les obstacles associés au fardeau d'avoir un TDAH au quotidien. La personne atteinte de TDAH qui a de bonnes ressources intellectuelles et émotionnelles sera aussi favorisée dans le développement de techniques d'adaptation efficaces pour réduire l'intensité des difficultés associées à son problème.

Mythe :

LE TDAH NE TOUCHE QUE LES ENFANTS. IL DISPARAÎT AVEC L'ÂGE ADULTE.

Réalité : Dans les années quatre-vingts, la communauté scientifique posait l'hypothèse que les symptômes du TDAH étaient secondaires à un retard de développement du cerveau. Selon cette vision, les symptômes de TDAH devaient disparaître avec la maturation des cellules nerveuses, et ce, avant l'âge adulte.

Les études de suivi publiées dans les années quatre-vingt-dix, réévaluant des enfants atteints de TDAH devenus adultes, ont démontré que, pour plusieurs, la bougeotte et l'agitation devenaient effectivement moins intenses et plus faciles à canaliser en grandissant. Cependant, l'impulsivité et les difficultés attentionnelles demeuraient fréquemment un problème passé l'âge de 20 ans.

Actuellement, les cliniciens et les chercheurs s'entendent pour dire que l'impact du TDAH demeure significatif dans le quotidien de la majorité des patients devenus adultes. Les résultats d'études faites dans la communauté aux États-Unis suggèrent qu'**environ 4 % des adultes ont un TDAH.** Probablement **moins de 10 % de ces adultes sont actuellement diagnostiqués ou traités.** Cependant, pour l'adulte atteint de TDAH, avoir accès à un diagnostic et à un traitement adéquat est aussi important que pour le jeune enfant. L'information commence à circuler. La formation s'organise. La recherche bourgeonne dans le domaine du TDAH adulte. Malheureusement, plusieurs adultes se heurtent encore aujourd'hui au manque d'information et de formation des intervenants en santé et en éducation et au manque de ressources disponibles pour l'évaluation diagnostique et le traitement.

Exploration du TDAH

SECTION 1
Exploration du TDAH
Visite des symptômes, présentations cliniques et stratégies diagnostiques

Le TDAH est un problème neurologique, **souvent transmis génétiquement,** qui se manifeste dès l'enfance par de la difficulté à moduler les idées (inattention), les mouvements et le comportement, aussi appelée hyperactivité et impulsivité. **La majorité des gens atteints conserveront des symptômes après l'âge de 18 ans.** Voyons d'abord ensemble quels sont les symptômes cliniques du TDAH, comment il peut affecter le quotidien d'une personne atteinte et comment l'âge peut en influencer l'expression. Ensuite, nous aborderons les stratégies utilisées par les cliniciens pour porter un diagnostic de TDAH.

Attention !

Tout ce qui bouge n'est pas hyperactivité. Être dans la lune ou être agité ne signifie pas d'emblée qu'on souffre d'un TDAH.

Symptômes

Le TDAH se manifeste dès l'enfance. Ceux qui gardent des symptômes à l'âge adulte sont surtout handicapés par les troubles cognitifs attentionnels comme la distractivité, la bougeotte des idées et la désorganisation. Ils éprouvent de la difficulté à démarrer et à terminer leurs tâches, s'éparpillent, attendent à la dernière minute et sont facilement distraits. L'impulsivité leur nuira tant au travail que dans la vie privée.

La plupart des gens atteints (soit environ 70 %) présentent le **trio inattention-agitation-impulsivité.** Certaines personnes atteintes de TDAH (entre 20 % et 30 %) sont affectées principalement par la difficulté à organiser leurs idées. Elles ont une bougeotte des idées qui les amène à être lunatiques, distraites et perdues dans leurs pensées. Souvent, ces personnes ne se reconnaissent pas quand elles lisent sur le TDAH, car elles ne sont ni agitées ni impulsives. Elles paraissent parfois même plutôt apathiques tellement elles ont des difficultés à démarrer. Le diagnostic est souvent posé très tard, car les symptômes sont moins visibles de l'extérieur.

Depuis que je suis toute petite, on m'appelle « Sophie la Lune ». Je n'ai jamais dérangé en classe. Mes professeurs me trouvaient très tranquille, trop même. Ils m'interpellaient souvent pour me ramener sur terre. Je manquais les explications et, gênée, j'ai fini par ne plus oser poser de questions tellement je me suis fait répondre : « Je viens de le dire, Sophie, où étais-tu ? » J'ai travaillé très fort et, malgré cela, j'ai failli échouer en français et j'ai beaucoup de difficultés en mathématiques. J'ai de la misère à m'organiser et je m'éparpille. Le simple fait de devoir choisir ce que je vais porter comme vêtements le matin est un défi. Ma chambre et mes affaires sont dans un désordre devenu légendaire. Mes parents se demandent comment je vais me débrouiller quand je demeurerai seule.

Dernièrement, mon cousin Mathieu a reçu un diagnostic de TDAH combiné, inattention et hyperactivité. Ma mère trouve que je lui ressemble beaucoup, la bougeotte en moins. J'ai lu sur le TDAH et j'ai appris qu'il existe effectivement des gens qui présentent un TDAH avec seulement des symptômes d'inattention. Quand j'ai vu Mathieu aller mieux avec ses traitements, j'ai décidé de consulter mon médecin. Il m'a dit qu'il voulait aussi un bilan en neuropsychologie en raison de mes difficultés à l'école. Il m'a fallu du temps, mais j'ai fini par faire les tests. J'ai moi-même été surprise, j'ai un quotient intellectuel au-dessus de la moyenne ! Le médecin m'a aussi confirmé que je souffre d'un TDAH, inattention prédominante. Je le revois la semaine prochaine et nous allons discuter de traitements. Je garde espoir d'aller mieux.

Sophie, 18 ans

Comme les petits, les grands atteints de TDAH peuvent aussi présenter une difficulté à moduler leurs émotions. Ils démontrent une certaine hypersensibilité, une **hyper-réactivité des émotions.** Souvent, ils ont appris à composer avec la bougeotte physique et la canalisent dans leur travail et, pour certains, dans les sports. Certains se « traitent » avec des stimulants en vente libre comme la nicotine ou la caféine. En raison des symptômes invalidants associés au TDAH, plusieurs souffrent aussi d'une faible estime d'eux-mêmes et d'un sentiment de sous-performance chronique.

Plusieurs adolescents et adultes souffrant d'un TDAH développeront d'autres problèmes psychiatriques comme la dépression, l'anxiété, la toxicomanie et des problèmes relationnels. C'est souvent ce qui les pousse à consulter un médecin.

Présentation clinique

Les types de symptômes du TDAH sont théoriquement les mêmes à tout âge, mais leur intensité peut varier et leur impact dans le quotidien sera aussi influencé par le contexte. **Avec l'âge, c'est surtout l'inattention qui persiste.** La bougeotte devient plus intérieure et l'impulsivité semble souvent mieux canalisée. Le tableau qui suit décrit quelques exemples de visages que peut prendre le TDAH selon l'âge.

Les adultes atteints de TDAH ont souvent une façon très imagée de décrire la bougeotte des idées :

« C'est comme si 1000 idées se bousculaient dans ma tête. De vraies "idées tamponneuses" ! »

« C'est comme si j'avais une opératrice dans ma tête. Elle gère plusieurs lignes téléphoniques en même temps, coupant la ligne et passant d'une conversation à l'autre sans mon consentement. »

« C'est comme si quelqu'un avait une télécommande de mes idées et zappait d'un poste à l'autre : même si une idée m'intéresse, elle se fait bousculer par la suivante. »

Présentation des symptômes de TDAH selon l'âge

L'ENFANT...

▸ a de la difficulté à soutenir son intérêt et son attention ;

▸ s'éparpille, passe d'un jeu à l'autre et laisse ses travaux scolaires en plan ;

▸ oublie facilement, perd ses choses, les laisse à l'école ou à la maison quand il en aurait besoin ailleurs ;

▸ se fâche souvent à la période des devoirs, tente d'éviter les activités qui nécessitent une application soutenue ou un effort intellectuel prolongé ;

▸ fait des erreurs de distraction (fautes d'étourderie) ;

▸ est facilement distrait par les bruits (conversations, sonneries, musique, etc.) ;

▸ a de la peine à suivre les consignes à l'école, dans les jeux et à la maison ;

▸ présente des difficultés de lecture, saute des mots ou des lignes, perd le fil. L'extraction des informations pertinentes est ardue ainsi que la compréhension de texte ;

▸ a du mal à rassembler ses idées, et structurer sa pensée est difficile. La rédaction de textes et les travaux longs peuvent alors être difficiles.

L'ADULTE...

▸ connaît les mêmes problèmes que l'enfant, mais ceux-ci peuvent devenir encore plus importants avec l'augmentation de la complexité des tâches et la diminution de la supervision étroite exercée par autrui ;

▸ a de la difficulté à suivre de longues conversations. Les autres peuvent interpréter cela comme un manque d'intérêt ;

▸ rate ses rendez-vous, les oublie ou arrive en retard ;

▸ met beaucoup d'efforts pour contourner certains symptômes afin, par exemple, de réduire les pertes d'objets et la distractivité ; continue à égarer des choses ou à oublier ses clés, son portefeuille, un achat sur sa liste d'épicerie, etc.

L'ENFANT...

▸ se sent comme s'il était poussé par un moteur : il bouge beaucoup, agite les mains, crayonne, « pianote », gigote sur sa chaise, balance les pieds ; il court et grimpe partout, dans des situations où cela est inapproprié, que ce soit à l'école ou à la maison ;

▸ est surnommé la « placotte » ou encore le « moulin à paroles » ;

▸ se lève souvent au milieu d'une émission de télévision, pendant les repas ou les devoirs scolaires ;

▸ est souvent gaffeur, va trop vite, renverse et casse des objets, se cogne ;

▸ perd de l'intérêt facilement, répond mieux à des stimulations variées et qui bougent, comme les jeux vidéo ;

▸ a une écriture difficile à lire et écrit trop vite.

L'ADULTE...

▸ présente encore de la bougeotte, mais elle semble s'atténuer avec l'âge ;

▸ s'agite plus discrètement par des mouvements des mains et des pieds et tente de se contrôler en croisant les bras et les jambes ;

▸ éprouve de la difficulté à rester en place dans un cours, une réunion, devant un film ou une émission de télévision ;

▸ préfère rester debout qu'être assis ;

▸ décrit une incapacité à relaxer et à rester tranquille qui est souvent vécue comme un sentiment de nervosité ou d'agitation ;

▸ s'ennuie ou s'endort s'il ne se sent pas assez stimulé ;

▸ recherche des activités de loisirs et des emplois qui bougent. L'immobilité est vécue comme génératrice de tension ou d'anxiété ;

▸ est embarrassé par la routine : il recherche les sensations fortes dans les sports extrêmes, par exemple la vitesse ou le jeu compulsif. Certains deviennent dépendants de jeux vidéo ;

▸ présente des difficultés à s'engager dans des activités calmes et sédentaires.

L'ENFANT...

▸ fonctionne mieux en supervision 1 à 1 ;

▸ se désorganise s'il est exposé à trop de stimuli ;

▸ a du mal à démarrer, attend à la dernière minute, est souvent en retard ;

▸ est à l'envers dans ses effets personnels et à l'école, mais aussi dans sa chambre ;

▸ fonctionne mieux s'il a une rétroaction rapide, mais les effets sont temporaires et l'encadrement, toujours à maintenir.

L'ADULTE...

▸ éprouve des difficultés à s'organiser dans le quotidien et à planifier à long terme ;

▸ agit à la dernière minute ou est souvent en retard ;

▸ se rajoute des tâches en cours de route en pensant : « J'ai le temps » ;

▸ a besoin de mener plusieurs projets de front ;

▸ gère difficilement sa paperasse et son budget ;

▸ est à l'envers au bureau et à la maison.

HYPER-RÉACTIVITÉ DES ÉMOTIONS

L'ENFANT...

▸ se sent envahi par des vagues d'émotions, éclate souvent en colère ou en pleurs ;

▸ est facilement excitable, puis a du mal à se contenir ensuite ;

▸ se reproche ses oublis, ses retards, ses difficultés à suivre les consignes ;

▸ peut être perçu par autrui comme malfaisant, « tête en l'air » ou opposant ;

▸ souffre d'une faible estime de lui-même ;

▸ a souvent l'impression de ne pas être à la hauteur et anticipe les échecs.

L'ADULTE...

▸ hyper-réagit aux événements, se fâche facilement ;

▸ se plaint d'être hypersensible, d'avoir souvent la larme à l'œil, d'être à fleur de peau ;

▸ s'ennuie dans la routine ;

▸ présente une faible estime de lui-même qui est devenue chronique ;

▸ a l'impression d'être inadéquat, que quelque chose « cloche » avec lui et anticipe donc les échecs.

L'ENFANT...

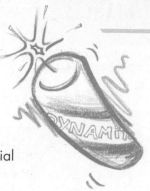

▸ a du mal à s'arrêter, à freiner ;

▸ bouscule et coupe la parole ;

▸ apparaît impatient : il « veut tout, tout de suite » ;

▸ se projette difficilement dans l'avenir : « J'ai l'idée, je le fais. » Il prend rarement du recul pour réfléchir ;

▸ a du mal à tenir compte de la dangerosité ou de l'impact social de ses dires et de ses gestes ;

▸ peut se blesser : il a plus souvent des accidents nécessitant une intervention médicale d'urgence.

L'ADULTE...

▸ se contient plus facilement, mais il doit faire des efforts pour se freiner, car il reste impulsif ;

▸ prend des décisions impulsives qui lui nuisent dans sa relation de couple, son travail, ses finances et qui peuvent entraîner de nombreux déménagements ou changements d'emploi ;

▸ tolère difficilement l'attente ;

▸ est rapide, distrait et impulsif au volant, ce qui entraîne plus de risques d'accidents ;

▸ devient actif sexuellement à un âge plus précoce.

PROBLÈMES INTERPERSONNELS

L'ENFANT...

▸ peut être perçu comme un « petit *boss* », contrôlant ou opposant, ce qui nuit aux relations sociales ;

▸ multiplie les oublis et les erreurs ;

▸ peut être rejeté du groupe en raison de sa bougeotte et de son impulsivité ;

▸ s'intègre plus facilement en faisant le pitre ou le clown ;

▸ apparaît plus souvent replié sur lui-même s'il est très lunatique.

L'ADULTE...

▸ a plus de difficultés à respecter les règles s'il était opposant dans l'enfance ; il peut alors paraître provocateur ;

▸ se plaint souvent de se sentir facilement ennuyé et recherche le changement pour le changement, d'où une difficulté à rester longtemps dans une même relation. Les difficultés à maintenir une stabilité sur le plan relationnel entraînent un plus haut taux de séparation et de divorce et un nombre plus élevé de partenaires ;

▸ maintient plus difficilement une stabilité d'emploi : il risque d'occuper un nombre plus élevé d'emplois et de plus courte durée. Il est plus susceptible de démissionner ou de subir des mises à pied.

Mes amis me taquinent et m'appellent « la Tornade ». J'ai toujours été « un petit vite », sans cesse en mouvement, impulsif et bavard. Je suis jovial, sympathique et très sportif. Au primaire, j'ai réussi à contourner mes oublis et difficultés et à m'organiser. Mes parents et mes professeurs étaient là pour m'aider et m'encadrer. Le secondaire a été plus difficile. Cours d'été aidant, je me suis rendu au collégial. Le désastre ! J'étais incapable de suivre les trois heures consécutives de cours et j'ai dû abandonner après une session. Au travail, mon patron soulignait mon dynamisme, mais il me reprochait mes nombreuses erreurs d'inattention, mes multiples retards et ma difficulté à suivre les consignes. Résultat : chômage !

Ma copine n'en pouvait plus de répéter. Elle m'a même demandé si j'étais intéressé à notre relation. En fait, j'étais incapable de tolérer une longue conversation. Je perdais le fil, je bougeais et je m'impatientais. Elle songeait à me laisser. Tout allait mal. J'étais complètement dépassé, anxieux et je dormais mal. J'ai vu un reportage sur le TDAH à la télévision. C'est comme s'ils avaient parlé de moi. Ça m'a décidé. Je suis allé voir mon médecin. Il a posé un diagnostic de TDAH combiné. Depuis, le traitement a été efficace et a entraîné un changement remarquable dans ma qualité de vie. Cela fait trois ans déjà. Je suis retourné aux études, avec succès cette fois-ci. J'aurai bientôt mon diplôme mais, le plus important, c'est que j'ai retrouvé l'équilibre, et ça, c'est très précieux.

Jonathan, 25 ans

Je suis la maman de deux garçons que j'adore. Jamais, en me regardant aujourd'hui, vous ne devineriez par où je suis passée. J'ai un TDAH depuis mon enfance, mais je n'ai été diagnostiquée qu'à l'âge de 16 ans, quand j'ai failli me tuer.

Je n'ai jamais été hyperactive. Petite, on m'appelait « la Tête de Linotte ». J'étais dans la lune, désorganisée et très sensible. Souvent, les émotions m'envahissaient, comme une vague immense, et je m'isolais pour pleurer. J'étais une vraie girouette. Distraite par les bruits, mais aussi par mes idées, je n'arrivais plus à suivre en classe. J'ai décroché à la fin du primaire. À 10 ans, je me répétais sans cesse que j'étais nulle, que je n'irais nulle part. J'ai découvert à 12 ans que le cannabis m'aidait à dormir. Je me suis mise à en prendre tous les soirs. Les autres riaient de moi et disaient que j'étais une droguée.

Découragée, fatiguée de ma vie, j'ai avalé une bouteille de pilules. On m'a emmenée en catastrophe à l'urgence. C'est là que j'ai vu un médecin qui a reconnu le TDAH. J'ai reçu des informations, du soutien et j'ai commencé une médication. J'ai aussi restructuré ma vie et cessé de consommer du cannabis.

J'ai alors effectué une lente remontée vers la surface. J'ai repris confiance en moi. J'ai trouvé un champ d'études qui me plaît. Je vais mieux, je prends une médication et je travaille quotidiennement à contrer les symptômes du TDAH. Mon fils Kevin a lui aussi un TDAH. Je souhaite de tout mon coeur qu'il n'ait pas à suivre mon cheminement et que les gens ne soient pas aussi durs avec lui qu'ils l'ont été avec moi quand j'étais petite.

Mélanie, 38 ans

Le saviez-vous ?

Dans les familles où le parent et l'enfant souffrent d'un TDAH, on observe plus de difficultés d'encadrement et plus de tensions.

Pour nous aider à comprendre les symptômes du TDAH, les psychologues comparent la circulation de l'information dans le cerveau à un **réseau routier.**

Des études du fonctionnement du cerveau chez les personnes atteintes de TDAH ont mis en évidence un mauvais fonctionnement des **fonctions exécutives,** responsables de l'inhibition ou du contrôle de certains comportements. Celles-ci permettent, entre autres, le « démarrage, le freinage, les changements de direction et la priorité sur la route ». Il semble que, dans le TDAH, le réseau de transmission de l'information soit défectueux. C'est comme s'il manquait de feux de circulation et de panneaux de signalisation dans le réseau routier et que les voitures n'avaient pas un bon système de démarrage et de freinage.

Pour la personne qui « manque de freins », l'idée prioritaire est celle qui vient d'apparaître. Elle bouscule du même coup les idées précédentes, si pertinentes soient-elles. On parle alors de bougeotte des idées ou d'idées **« tamponneuses ».** Un bruit, une image ou une situation vient évoquer une nouvelle idée et fait naître un autre projet, qui remplace alors le précédent. La personne s'éparpille, terminant difficilement ce qu'elle a commencé. Elle va trop vite, fait des erreurs d'inattention en chemin, oublie et finit par perdre le fil. Elle égare aussi des objets, aussi utiles soient-ils.

Dans le TDAH, les mouvements peuvent être brusques, rapides, mal modulés. La personne atteinte parle souvent d'une sensation de **moteur qui vibre** et qui ne s'arrête pas ou difficilement. S'arrêter pour dormir le soir est un exploit. La personne se sent souvent en « décalage horaire » le lendemain. Elle s'éveille difficilement et a de la « brume dans la tête ». Il est difficile de démarrer, mais une fois parti, il y a aussi de l'impatience et beaucoup **d'impulsivité.**

Le diagnostic est souvent fait plus tardivement pour les gens atteints de TDAH qui présentent un profil d'inattention prédominante. Ceux-ci ne présentent pas cette bougeotte et plusieurs ignorent l'impulsivité. Quand ils lisent ou entendent parler du TDAH, ils ne se reconnaissent pas tout de suite, surtout si l'accent est mis sur les symptômes d'agitation et d'impulsivité. Pour plusieurs, même la **régulation des émotions** est atteinte ; les émotions arrivent par vagues immenses et difficiles à contenir. Les pics de joie et les crises de colère ou de larmes ponctuent le quotidien. L'événement se produit, les idées et les émotions se bousculent, la personne n'en a pas le contrôle. Elle n'a pas la capacité de prendre du recul, de se « parler intérieurement » et de moduler ses réactions. **Elle n'agit pas, elle hyper-réagit.** À toute heure, elle doit se freiner et se contenir pour ne pas déborder. À la longue, le processus est épuisant.

Plus encore...

Il est très important de retenir que le TDAH n'est pas un manque d'attention, mais bien une difficulté à moduler, à freiner, à inhiber. Les symptômes ne sont pas volontaires.

Le Dr Barkley l'exprime ainsi : « Ce n'est pas que la personne atteinte ne veut pas, c'est qu'elle ne peut pas exercer ce contrôle. »

Au lecteur qui voudrait aller plus loin dans ces concepts, je suggère les écrits des éminents psychologues américains Russell Barkley et Thomas Brown.

Épidémiologie

Les études épidémiologiques ont mis en évidence une **présence du TDAH chez environ 5 % des enfants.** Les taux varient entre 2 % et 12 % selon les critères utilisés et les régions étudiées. Les études de suivi ont démontré la **persistance des symptômes du TDAH chez plus de la moitié des adultes** qui ont reçu le diagnostic dans l'enfance. Il existe peu d'études qui ont tenté de chiffrer le pourcentage d'adultes atteints, mais les chercheurs estiment ce pourcentage à environ **4 % de la population générale.**

Selon les études, on estime que le rapport « garçons / filles » varie entre **9 : 1** et **3 : 2.** Le même rapport chez les adultes tourne autour de **3 : 2.** Les garçons atteints de TDAH sont souvent plus agités et présentent plus de troubles de comportement que les filles aux prises avec le TDAH, qui sont souvent plus lunatiques. C'est pourquoi ils sont repérés plus tôt et plus facilement.

Je dirige une entreprise. Je suis marié et j'ai un garçon de cinq ans et une fillette de huit ans. J'ai appris que j'avais un TDAH quand ma fille a été diagnostiquée l'an dernier. Elle est mon portrait en miniature. Chez nous, j'étais « l'artiste de la famille ». J'avais le don de voir les choses autrement. Dans mon travail, avoir des idées originales et novatrices est un atout. Une chance que j'ai toute une équipe derrière moi, car je suis resté aussi désorganisé que quand j'étais petit.

Ne me demandez pas d'aller au cinéma, je suis incapable de rester assis aussi longtemps. Il faut que je bouge, sinon je « tourne en rond » et je ressens une pression énorme. Le sport a toujours fait partie de ma vie.

Plus jeune, c'était pénible d'être attentif en classe. Malgré le fait que j'étais lunatique et agité, je trouvais le tour de me sortir d'affaires. Quel clown j'étais ! Mes parents m'épaulaient, mes profs aussi. Rendu à l'université, je me suis dépêché d'avoir un diplôme et je me suis lancé en affaires. Mon épouse m'aide énormément, c'est elle mon « coach organisationnel ». Avec les stratégies d'adaptation et le soutien que j'ai autour de moi, ça va vite, mais ça va. Comme le diraient mes amis, je ne suis « pas facile à suivre ».

Paul, 43 ans

Le saviez-vous ?

Voici les points que le clinicien peut vérifier lors de l'évaluation en vue d'établir un diagnostic et un plan de traitement. Cette démarche prend du temps et nécessite parfois plusieurs entrevues. Lorsque c'est pertinent, le clinicien peut aussi demander à rencontrer un proche pour prendre certaines informations supplémentaires et en valider quelques autres.

- présence de symptômes de TDAH dans l'enfance ;
- persistance de symptômes de TDAH à l'adolescence et à l'âge adulte ;
- atteinte dans plusieurs sphères de la vie comme à l'école, au travail, à la maison, avec les amis ou la famille ;
- présence de handicaps vécus dans le quotidien tant sur les plans social, scolaire et personnel que sur le plan professionnel ;
- état de santé en général ;
- présence d'autres problèmes associés, comme la dépression, l'anxiété et l'abus d'alcool ou de drogues ;
- hygiène de vie (alimentation, sommeil, activité physique) ;
- mécanismes d'adaptation mis en place (routines, prise de notes) ;
- forces et centres d'intérêt.

Stratégies diagnostiques

Les symptômes d'inattention, d'agitation ou d'impulsivité peuvent être le lot de bien des gens, dans bien des circonstances. Comment savoir s'il y a un TDAH sous-jacent ? Comment porte-t-on un diagnostic ? Et d'abord, qu'est-ce qui amène quelqu'un à consulter pour un TDAH ?

Certains vont voir leur médecin parce qu'ils se reconnaissent dans les descriptions du TDAH qu'ils ont lues. D'autres ont un proche, souvent un enfant, pour qui la reconnaissance et le traitement du TDAH ont été bénéfiques. Ils chercheront alors à vérifier si les symptômes qu'ils présentent eux-mêmes sont explicables par le TDAH et s'il existe un traitement. D'autres encore vont consulter leur médecin en raison de problèmes différents comme l'anxiété ou la dépression. Dans tous les cas, il est très important que le clinicien adopte une démarche diagnostique rigoureuse.

L'évaluation diagnostique est avant tout un entretien où le clinicien recherche, à l'aide d'un questionnaire, les symptômes associés au TDAH dans l'enfance. Il vérifie ensuite si ces symptômes sont encore présents au moment de la consultation. L'exploration des mécanismes d'adaptation efficaces qui ont été mis en place, l'évaluation de l'intensité des symptômes qui persistent, ainsi que

leur impact dans le quotidien, guideront les stratégies d'intervention et les approches thérapeutiques. La recherche de problèmes associés est
essentielle. Leur présence complique à la fois
le diagnostic et le traitement.

L'évaluation neuropsychologique ne permet pas
un diagnostic final, puisqu'il n'existe pas de
tests neuropsychologiques spécifiques au TDAH.
Il existe cependant certains questionnaires qui
ciblent directement le TDAH. Ceux de Conners, de Brown ou
de Barkley en sont des exemples. Ils contiennent souvent une
liste exhaustive de symptômes rencontrés dans le TDAH. Il est
important de savoir que d'autres problèmes peuvent entraîner
des réponses positives à ces questions. Un score élevé à ces
questionnaires suggère tout au plus une bonne probabilité que
la personne puisse avoir un TDAH, mais ne garantit pas du tout un diagnostic. Par exemple, une
personne anxieuse et tracassée pourrait « cocher » qu'elle est distraite (par ses tracas), qu'elle com-
met des oublis (parce qu'elle est obnubilée par ses craintes) et qu'elle se sent agitée (ou tendue). Il
existe une échelle intéressante pour le dépistage du TDAH chez l'adulte, le *Adult Self-Report Scale*.
Si le dépistage est positif, il importe de rechercher aussi la présence des symptômes du TDAH dans
l'enfance. Pour mesurer l'impact fonctionnel des symptômes, le *Weiss Functional Impairment Rating
Scale* est très utile (WFIRS). Les versions anglaise et française de ces outils sont disponibles sur les
sites www.caddra.ca et www.attentiondeficit-info.com.

Les critères du TDAH utilisés en
Amérique du Nord et dans d'autres
pays sont basés sur une classi-
fication américaine des maladies
appelée le **Manuel diagnostique
et statistique des troubles mentaux** (*Diagnostic and Statistical
Manual of Mental Disorders*). Il en
est à sa quatrième version, d'où son
surnom, le « DSM-IV ». Vous trouverez, à la page 30, un tableau qui
résume ces critères. La cinquième version est à l'étude et devrait inclure des
critères plus spécifiques à l'adulte.

Plus encore...

Au Canada, bien des médecins généralistes
évaluent et suivent des personnes atteintes
de TDAH et ont développé une expertise dans
ce domaine. Il est clair que, dans ces cas, une
consultation en milieu spécialisé n'est nulle-
ment obligatoire avant de poser un diagnostic
ou d'amorcer un traitement. Une référence
en milieu spécialisé pourrait être faite pour
clarifier le diagnostic ou pour donner des suggestions de traitements dans les cas plus complexes. L'accès à de tels services varie selon les
régions du globe.

L'individu atteint doit présenter AU MOINS SIX symptômes d'inattention et/ou SIX symptômes d'hyperactivité, de façon répétée et à un niveau inadapté, et incomparable avec le niveau de développement normal pour l'âge. Voici les critères à observer :

1. Inattention

☐ Il prête difficilement attention aux détails, il fait des erreurs d'inattention.

☐ Il a du mal à soutenir son attention.

☐ Il ne semble pas écouter quand on lui parle directement.

☐ Il ne se conforme pas aux consignes ou il ne termine pas ses tâches (sans qu'il s'agisse de comportements d'opposition).

☐ Il a de la difficulté à planifier et à organiser ses travaux ou ses activités.

☐ Il évite certaines tâches ou il les fait à contre-cœur, surtout si elles nécessitent un effort mental soutenu.

☐ Il perd des objets nécessaires à son travail ou à ses activités.

☐ Il est facilement distrait par des stimuli externes.

☐ Il fait des oublis fréquents dans la vie quotidienne.

2. Hyperactivité - Impulsivité

Hyperactivité motrice

☐ Il remue souvent les mains et les pieds, il bouge sur son siège.

☐ Il se lève souvent dans des situations où il doit demeurer assis.

☐ Il court ou il grimpe partout (en vieillissant : sensation de fébrilité ou de bougeotte).

☐ Il a du mal à se tenir tranquille à l'école, au travail ou dans ses loisirs.

☐ Il est souvent fébrile ou survolté.

☐ Il parle souvent trop.

Impulsivité

☐ Il répond aux questions avant qu'on ait terminé de les poser.

☐ Il a de la difficulté à attendre son tour.

☐ Il interrompt souvent autrui, il impose sa présence.

Pour faire le diagnostic d'un TDAH chez un enfant ou un adulte,
on doit retrouver toutes les caractéristiques suivantes :

☒ Il présentait déjà certains symptômes avant l'âge de 7 ans.

☒ Il souffre de certains handicaps fonctionnels en raison des symptômes, et ce, dans au moins deux environnements différents (maison, école, travail).

☒ Il est atteint de manière significative dans plusieurs sphères de sa vie (sociale, scolaire et professionnelle).

☒ Les symptômes durent plus de six mois et ne sont pas explicables par une autre maladie mentale (par exemple : troubles anxieux).

TDAH inattention prédominante = répond seulement aux critères 1.
TDAH hyperactivité prédominante = répond seulement aux critères 2.
TDAH combiné = répond aux critères 1 et 2 (forme la plus courante).

Adapté du *Diagnostic and Statistical Manual of Mental Disorders,* Fourth Edition (DSM-IV), American Psychiatric Association, Washington DC, 1994.

Il est reconnu que le TDAH entraîne des difficultés à maintenir l'attention pendant de longues périodes. Il implique aussi une distractivité importante dans le quotidien. Par conséquent, les symptômes seront plus évidents dans certaines situations que dans d'autres, entraînant une performance très variable selon le contexte. Cela complique le diagnostic pour le clinicien et amène souvent de l'incompréhension chez les proches, qui ne saisissent pas cette apparente et surprenante variabilité.

Caractéristiques de situations dans lesquelles les symptômes s'aggravent :

> ▸ tâches qui requièrent une attention ou un effort mental soutenus (ex. : travaux scolaires, rapport de synthèse) ;
>
> ▸ activités qui ne suscitent que peu d'attrait, qui ne présentent pas d'aspect de nouveauté ou qui n'apportent pas de plaisir dans l'immédiat (ex. : paperasse, gestion des comptes) ;
>
> ▸ situations de groupes (garderie, école, fête d'enfants, réunion en milieu de travail, conversation avec plusieurs personnes).

Caractéristiques de situations dans lesquelles les symptômes sont moins intenses, voire minimes :

> ▸ situations associées à de hauts degrés de supervision, à un encadrement ou à une surveillance directe exercée par autrui ;
>
> ▸ supervision individuelle ou conversation en tête-à-tête ;
>
> ▸ activités très intéressantes ou associées à un gain positif immédiat (comme le permet un jeu vidéo) ou qui démontrent un aspect de nouveauté (comme une nouvelle rencontre ou une première visite chez le médecin).

Problèmes associés

Le TDAH est associé dans la majorité des cas à d'autres problèmes. Ceux-ci en compliquent le diagnostic et doivent être pris en compte dans les stratégies de traitement.

Plusieurs enfants et adultes atteints présentent aussi un problème d'apprentissage, tandis que d'autres n'auront pas de difficultés scolaires et seront probablement dépistés pour le TDAH plus tard dans leur vie.

Les symptômes associés au TDAH peuvent avoir un impact majeur dans plusieurs sphères de la vie. En général, les gens atteints décrochent plus tôt de l'école et atteignent un moins haut niveau de **scolarité.**

Plusieurs auront de multiples **emplois,** moins bien rémunérés. Les taux de **divorce** et de **faillite** personnelle sont plus élevés. Des études conduites aux États-Unis ont démontré un plus haut taux d'**accidents de voiture** chez les jeunes adultes conducteurs et un plus haut taux de **grossesse non planifiée** chez les adolescentes ayant un TDAH.

Bien des adultes se rappellent qu'enfants, ils avaient du mal à s'endormir le soir, à « éteindre » leur cerveau. Certains se levaient débordants d'énergie, d'autres avaient grand-peine à se sortir du lit. Pour plusieurs, les **difficultés de sommeil** persistent à l'âge adulte.

La moitié des enfants souffrant d'un TDAH présentent un **comportement d'opposition.** Une plus faible proportion, des garçons pour la majorité, vont évoluer vers des **troubles graves de comportement** nécessitant un encadrement sévère et parfois des conséquences légales. Ceux-ci sont nettement plus exposés au risque de devenir toxicomanes et de développer des troubles sévères de personnalité à l'âge adulte. Un bon encadrement, des consignes bien établies et une application systématique de conséquences font partie intégrante du plan d'intervention dans ces cas. La médication, en réduisant l'impulsivité associée au TDAH, peut aussi diminuer le risque de récidives.

Presque la moitié des adultes atteints de TDAH vont développer à un certain moment de leur vie des problèmes d'**anxiété** ou de **dépression.** Il est important de les dépister et de les traiter adéquatement.

L'**anxiété d'anticipation** souvent associée au TDAH devrait s'améliorer avec les traitements classiques du TDAH. Cependant, certains types de **troubles anxieux** peuvent s'aggraver à la suite de la prise de médication anti-TDAH. C'est souvent le cas pour l'**anxiété généralisée,** les **attaques de panique** et le **trouble obsessionnel-compulsif.** Certaines personnes décrivent alors une augmentation des symptômes anxieux déjà présents quand elles prennent des psychostimulants. D'autres parlent plutôt d'un inconfort ou d'une sensation de fébrilité avec ces médicaments. En présence de tels symptômes, le traitement du TDAH peut être plus difficile à ajuster.

Plusieurs personnes aux prises avec le TDAH décrivent une **faible confiance en soi,** une estime d'elles-mêmes qui est à rebâtir. La tristesse et le mal de vivre associés à une faible estime de soi ne correspondent pas nécessairement à ce qu'on appelle en médecine une dépression majeure.

Les études cliniques ont démontré qu'un adulte sur deux atteints de TDAH souffrira d'un épisode dépressif au cours de sa vie. Même les enfants et les adolescents peuvent en être frappés. Il est primordial de bien reconnaître la dépression et, si elle est présente, de la traiter énergiquement.

Les gens atteints de TDAH, particulièrement les hyperactifs, décrivent très fréquemment des émotions hyper-réactives, volatiles, en dents de scie. Ils se fâchent puis se calment vite ou ont facilement la larme à l'œil. On dit souvent d'eux qu'ils ont « la mèche courte ». Parfois, ce type de symptôme peut être confondu avec ceux qui sont associés à la **maladie bipolaire,** anciennement appelée la maniaco-dépression. Certaines personnes peuvent aussi avoir une maladie bipolaire en plus d'un TDAH. Ceci complique le diagnostic mais aussi les traitements, car les psychostimulants peuvent débalancer la maladie bipolaire sous-jacente. Le traitement du TDAH chez une personne souffrant aussi de maladie bipolaire requiert des conseils spécialisés.

Plusieurs personnes souffrant d'un TDAH utiliseront l'alcool ou la drogue pour se soulager. Le cannabis exerce un effet calmant et la cocaïne agit comme un *hyperpsychostimulant* à action très puissante, mais très courte. **Ces produits sont toxiques et ne sont évidemment pas recommandés dans le traitement du TDAH.** Il est très important de savoir que des études scientifiques ont démontré que le traitement médical du TDAH par des psychostimulants n'aggrave pas et pourrait peut-être réduire le risque de toxicomanie chez les gens atteints de TDAH.

Le saviez-vous ?

Les problèmes d'apprentissage doivent être dépistés et traités avec des stratégies reconnues efficaces. Ce sont surtout les psychologues, les orthophonistes et les orthopédagogues qui se spécialisent dans ce domaine. Peu font du suivi chez les adultes. Il faut dénicher dans sa région les ressources disponibles. Au Québec, il est suggéré de consulter l'**Association québécoise des troubles d'apprentissage** (AQETA) pour obtenir du soutien et des informations.

Aide-mémoire

Rappelons-nous ici les principaux points présentés dans cette section :

▶ Le TDAH touche environ **5 % des enfants** et **4 % des adultes** dans la population générale.

▶ Le TDAH se manifeste par des symptômes d'**inattention** et/ou d'**hyperactivité/impulsivité**.

▶ Les symptômes doivent être présents dès l'enfance et demeurent des problèmes à l'**âge adulte** pour la majorité des gens atteints.

▶ Le TDAH entraîne des handicaps et touche plusieurs sphères de la **vie quotidienne**.

▶ C'est le **médecin** qui, à la suite d'une évaluation rigoureuse, pose un diagnostic.

▶ Plusieurs personnes atteintes de TDAH développent aussi d'**autres problèmes**.

Escale scientifique

SECTION 2
Escale scientifique
Origines neurobiologiques et génétiques du TDAH

On ne connaît pas encore de façon claire les causes exactes qui entraînent l'apparition d'un TDAH. Voyons ici ce que nous apprend la littérature scientifique à ce sujet. Nous aborderons ensemble les connaissances que nous livrent les études en génétique, en neuropsychologie, en neurobiologie et en imagerie cérébrale.

Plus encore...

Chaque individu est différent. Chacun a sa personnalité propre, un certain potentiel intellectuel, une capacité d'apprentissage, des habiletés et des handicaps. Chacun est exposé à un environnement plus ou moins facilitant. Tous ces facteurs et bien d'autres teinteront l'évolution de la personne ; c'est ce que les médecins appellent le pronostic.

Génétique

Les études génétiques ont démontré la présence d'un important **facteur de transmission héréditaire,** qui agit comme le font ceux de la transmission de la grandeur, de la couleur des cheveux ou des yeux. Dans la majorité des cas, un lien familial est découvert. Plusieurs projets de recherche tentent de retracer les gènes qui seraient impliqués.

Des **facteurs environnementaux** entraînant des dommages précoces au cerveau peuvent aussi entrer en ligne de compte. L'exposition au plomb et le tabagisme durant la grossesse, le fait d'avoir manqué d'oxygène à la naissance ou d'être né prématurément peuvent contribuer au développement de symptômes de TDAH semblables à ceux qui ont une incidence génétique.

Il peut y avoir des tableaux cliniques très différents dans une même famille. Par exemple, une mère qui présenterait un TDAH avec inattention prédominante pourrait avoir une fille non atteinte et un fils qui aurait une combinaison d'agitation et de distractivité.

Neuropsychologie

Quand il explique le TDAH, le Dr Brown compare le fonctionnement du cerveau à celui d'un orchestre. L'harmonie n'est possible que s'il y a une bonne coordination entre les musiciens, si virtuoses soient-ils. Dans cette analogie, le chef d'orchestre représente les fonctions exécutives du cerveau. La tâche à réaliser correspond aux différents morceaux de musique à jouer. Ainsi, les musiciens deviennent, par exemple, la mémoire, l'attention, les mouvements, les idées et les émotions.

Quand le cerveau est atteint de TDAH, l'orchestre a beau regrouper d'excellents musiciens, leur coordination est handicapée par un chef d'orchestre désynchronisé, irrégulier et lunatique. La symphonie devient vite une cacophonie ! Chacun joue à sa façon, à son propre rythme et selon l'intensité du moment. Dans des cas semblables, l'utilisation de trucs adaptatifs vise à contourner le chef d'orchestre qui n'y voit pas clair pour aider l'un ou l'autre des musiciens à mieux jouer sa partition, en harmonie avec les autres. Les médicaments traitant le TDAH remettent une paire de lunettes biologiques au chef d'orchestre, facilitant alors la coordination des musiciens.

En recherche clinique, l'étude des fonctions exécutives mène à une meilleure compréhension des déficits associés au TDAH. Il existe plusieurs **tests neuropsychologiques** qui contribuent à évaluer la capacité de certaines fonctions exécutives. Aucun des tests connus n'est réservé qu'au dépistage du TDAH. Aucun test ne permet de poser un diagnostic de TDAH hors de tout doute. Dans certains cas de TDAH clair, les résultats des tests neuro-psychologiques peuvent même être normaux. Par contre, l'évaluation des paramètres attentionnels et exécutifs peut être intéressante pour mesurer le type et le degré des atteintes cognitives objectivables et guider les traite-ments. Ces tests peuvent aussi aider à dépar-tager l'impact des difficultés attentionnelles liées à d'autres problèmes tels que la dépression et l'anxiété. Ils permettent également de mieux cerner les troubles d'apprentissage sous-jacents et sont très utiles pour estimer le quotient intellectuel si l'on évoque un problème sur ce plan.

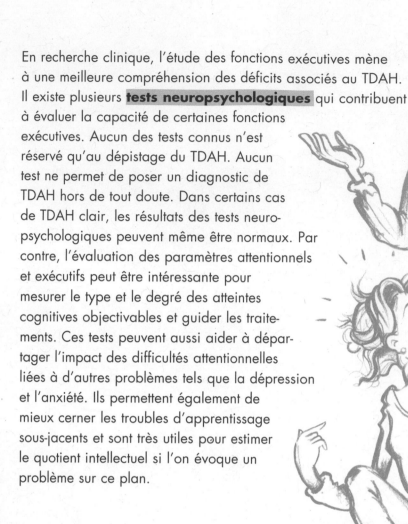

Neurobiologie

La circulation de l'information dans notre cerveau, qu'il s'agisse d'idées, de mouvements, de com-portements ou d'émotions, passe par tout un réseau de cellules nerveuses que l'on appelle les neurones. Pour qu'un **neurone** « parle » à un autre neurone, il doit libérer des **« neurotransmetteurs »** qui, un peu comme des clés spéciales, vont aller ouvrir une serrure et induire un changement pour ralentir, transmettre ou même accélérer le message initial. Le schéma de la page 40 illustre de façon simplifiée ce processus très complexe.

Dans la modulation de l'attention, des travaux scientifiques suggèrent que deux types de neurotrans-metteurs, la dopamine et la noradrénaline, jouent un rôle très important. Ceux-ci facilitent l'analyse des stimuli et aident à moduler la réponse qui leur est accordée. D'autres neurotransmetteurs sont probablement impliqués. Les études récentes démontrent à quel point les mécanismes sous-jacents à l'attention sont complexes. Il n'y a pas longtemps, les chercheurs pointaient surtout du doigt un déficit dans la fonction de la dopamine pour expliquer les symptômes du TDAH et l'action des médicaments. Le fait que les non-stimulants soient efficaces dans le traitement du TDAH et qu'ils agissent principalement sur la noradrénaline renforce l'hypothèse selon laquelle plusieurs mécanismes entrent en ligne de compte.

Quand les systèmes impliquant la noradrénaline et la dopamine fonctionnent bien, l'action de ces neurotransmetteurs peut aider à décider si nous devons ou non prêter attention à un stimulus donné. Devant une tâche à accomplir, ils permettent d'organiser nos idées en fonction du projet, de mieux démarrer, d'écarter ce qui n'est pas pertinent et de rester concentrés sur ce que nous voulons ou devons faire. Selon certaines études, la noradrénaline serait particulièrement impliquée dans l'attention portée à une nouveauté et la capacité à inhiber les distracteurs, alors que la dopamine facilite le maintien de l'intérêt et l'importance affective associée à la tâche.

Le saviez-vous ?

Il existe plusieurs types d'attention :

L'attention SOUTENUE nous permet de rester concentrés longtemps sur une même tâche, même si elle est monotone et prolongée.

▸ Exemples : Le contrôleur aérien qui observe un écran vide, en attendant d'y voir arriver un objet ou que l'objet perçu se déplace. L'employé d'usine qui surveille des pièces défilant devant lui à la recherche d'un défaut de fabrication.

L'attention DIVISÉE (ou partagée) nous donne la possibilité d'exécuter plusieurs tâches en même temps. Elle nous aide à passer d'une tâche à l'autre tout en maintenant un niveau d'attention minimal sur tous les fronts.

▸ Exemples : La mère de famille qui prépare son souper, surveille les enfants du coin de l'œil et parle au téléphone. Le vendeur qui parle à son client, pense au profit de sa vente tout en calculant son « meilleur prix » sur sa calculatrice.

L'attention SÉLECTIVE nous permet de faire une tâche précise tout en ignorant d'autres stimuli qui pourraient nous distraire.

▸ Exemples : Suivre une conversation dans une salle bondée de monde. Écouter le professeur alors qu'on voit par la fenêtre des étudiants jouer dans la cour et que l'on vient de penser à ses dernières vacances d'été.

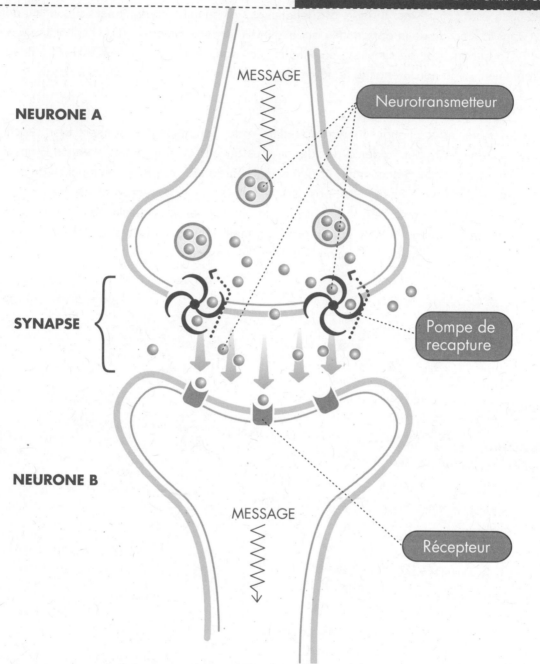

MESSAGE

NEURONE A

Neurotransmetteur

SYNAPSE

Pompe de
recapture

NEURONE B

MESSAGE

Récepteur

L'information, sous forme d'**influx nerveux,** parcourt le neurone A. Cet influx entraîne une cascade d'événements qui vont provoquer la libération d'un type de **neurotransmetteur** (par exemple, la noradrénaline ou la dopamine) dans la **synapse.** Ces molécules se lient ensuite aux **récepteurs** du neurone B, permettant ainsi au message de circuler. Celles qui ne seront pas liées à un récepteur seront récupérées par la **pompe de recapture** afin d'éviter qu'un trop grand nombre de neurotransmetteurs n'encombrent l'espace synaptique.

Imagerie cérébrale

Grâce à l'imagerie cérébrale, les chercheurs peuvent comparer des groupes de gens atteints de TDAH à des groupes de gens non atteints afin d'évaluer s'il existe des différences anatomiques ou fonctionnelles.

Les travaux de recherche utilisent des images du cerveau obtenues grâce à des appareils de résonance magnétique et de tomographie axiale assistée par ordinateur, que l'on appelle communément « TACO cérébral ». Ces images mettent en évidence de légères différences sur le plan anatomique. Certaines régions du cerveau de gens atteints de TDAH n'ont pas les mêmes volumes. Ces différences sont significatives, mais tellement subtiles qu'on ne peut les mettre en évidence à partir de l'examen d'une seule personne atteinte.

Pour évaluer le cerveau « en action », des technologies de pointe, comme l'imagerie par résonance magnétique fonctionnelle et la tomographie par émission de positrons, aussi appelée « PETscan », sont utilisées. Ces tests poussés démontrent un fonctionnement du cerveau différent pour les groupes de gens atteints de TDAH.

Le saviez-vous ?

Les examens en imagerie cérébrale sont utiles en recherche pour comprendre les mécanismes sous-jacents au TDAH, mais ils ne sont pas recommandés dans le bilan standard entourant le diagnostic et le traitement du TDAH en clinique.

Aide-mémoire

S E C T I O N   2

Rappelons-nous ici les principaux points présentés dans cette section :

▶ Le TDAH est un **trouble neurologique** dont la transmission est fortement influencée par la **génétique**.

▶ Les études en neurobiologie mettent en lumière des déséquilibres quant à la neurotransmission de la **dopamine** et de la **noradrénaline**.

▶ Ce déséquilibre biologique explique l'**action positive des médicaments** recommandés pour traiter le TDAH, qui agissent comme des lunettes dans le cerveau des gens atteints.

Les lunettes biologiques

SECTION 3
Les lunettes biologiques
Les traitements pharmacologiques : comment s'y retrouver ?

Tout traitement du TDAH commence toujours par la confirmation du diagnostic et l'enseignement de ce qu'est ce trouble. Pour plusieurs, le fait de « comprendre enfin » est un grand soulagement. Malgré tout, plusieurs personnes éprouveront également une réaction de deuil et de regret de ne pas avoir compris avant ce qui leur arrivait.

Pour choisir le traitement qui sera le plus susceptible d'aider la personne à améliorer sa qualité de vie, le clinicien et la personne atteinte explorent ensemble les différentes sphères de vie qui sont touchées par le TDAH. Ils tentent alors de repérer les forces de la personne, mais aussi de démasquer les handicaps qui persistent malgré les stratégies d'adaptation.

Le saviez-vous ?

Le traitement idéal permettrait de réduire les symptômes du TDAH de façon significative, durant toute la journée, avec très peu d'effets secondaires et à un coût raisonnable. Avec l'avancement des recherches, d'autres types de molécules et différents modes de libération du médicament actif font leur apparition. Par exemple, Vyvanse^MD fait partie du groupe des promédicaments. Pour devenir active, la lisdexamfétamine doit être ensuite « digérée » par des enzymes qui libèrent ainsi la dextroamphétamine. Son effet clinique est prolongé sur plusieurs heures, jusqu'à 12 heures selon la monographie ; des études ont de plus démontré la persistance d'un effet clinique jusqu'à 13 heures chez l'enfant et à 14 heures chez l'adulte.

Explorons ici les traitements disponibles. Les médicaments approuvés dans le traitement du TDAH entraînent **une amélioration clinique chez 50 % à 70 % des gens atteints.** Certaines personnes auront une meilleure réponse à un type de produit qu'à un autre. Le médecin doit tenir compte, parmi les options proposées, des autres problèmes associés, comme l'anxiété, la dépression ou la prise de drogues. Une psychothérapie peut aussi être aidante dans certains cas.

Les médicaments décrits dans ce chapitre ne sont pas disponibles partout. Les noms commerciaux des molécules peuvent varier d'un pays à l'autre. Dans cette section, j'ai choisi de citer en exemples divers produits utilisés en Amérique du Nord.

Le saviez-vous ?

Certains produits naturels comme la caféine et la nicotine modulent aussi l'attention. D'ailleurs, les gens atteints de TDAH fument trois fois plus la cigarette que la population générale. Il n'est pas rare de voir des adolescents et des adultes atteints de TDAH prendre de grandes quantités de caféine, sous forme de café, mais aussi de boissons gazeuses ou énergisantes.

Tous les traitements actuellement reconnus comme efficaces pour réduire l'intensité des symptômes du TDAH **améliorent la neurotransmission de la noradrénaline ou de la dopamine.** Ces médicaments permettent d'accentuer la capacité du cerveau à faire le focus en fournissant une « paire de lunettes biologiques ». On distingue deux classes de médicaments reconnus efficaces pour réduire les symptômes du TDAH : les **psychostimulants** et les **non-psychostimulants.** Les psychostimulants sont partagés en deux catégories : la famille des produits à base d'amphétamine et celle des produits à base de méthylphénidate. Parmi les produits à base d'amphétamine, on retrouve la dextroamphétamine (Dexédrine^{MD}), la lisdexanfétamine (Vyvanse^{MD}) et un médicament constitué d'un mélange de quatre sels d'amphétamines (Adderall^{MD} et Adderall XR^{MD}). Le méthylphénidate est disponible sous plusieurs formes, les médicaments étant différents par leur mode de libération du produit actif (Biphentin^{MD}, Concerta^{MD}, Daytrana^{MD}, Focalin^{MD}, Focalin XR^{MD}, Metadate CD^{MD}, Ritalin^{MD} et Ritalin LA^{MD}). Les psychostimulants agissent principalement en augmentant la disponibilité de la dopamine dans la synapse. Parmi les non-psychostimulants, l'atomoxétine (Strattera^{MD}) augmente la disponibilité de la noradrénaline en bloquant la pompe de recapture, et la guanfacine (Tenex^{MD}, Intunive^{MD}) agit directement sur le récepteur de la noradrénaline.

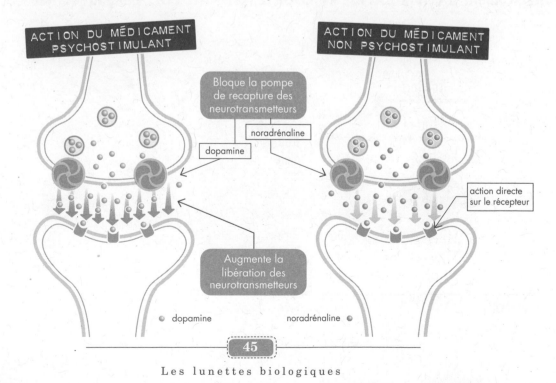

Les lunettes biologiques

Détails pratiques sur les médicaments

Les scientifiques s'entendent pour dire que **le traitement pharmacologique standard du TDAH est semblable chez l'adulte et chez l'enfant.** Cependant, les doses de médicaments peuvent être différentes. Les doses utilisées chez l'enfant sont bien établies. Même s'il y a de plus en plus d'études portant sur les adultes atteints de TDAH, certains médecins hésitent parfois à utiliser pour l'adulte des doses supérieures à celles qu'ils prescrivent habituellement pour l'enfant.

Pour les psychostimulants, les cliniciens ont observé que lorsque la bonne posologie est atteinte, il ne faut que quelques jours pour observer une réponse clinique favorable. Le délai de réponse est souvent plus long pour l'atomoxétine (une à quatre semaines). Il s'agit d'être patient. La posologie s'ajuste comme pour des lunettes. Pensez à la dose du médicament comme à une puissance de lentille. Dans tous les cas, la dose de départ est faible et elle est augmentée par la suite selon ses effets cliniques et la présence d'effets secondaires. C'est le médecin qui fait les ajustements en tenant compte des effets thérapeutiques, des effets indésirables et de la dose maximale suggérée. Certains médicaments n'agissent que quelques heures par dose et doivent être pris à plusieurs reprises au cours de la journée.

Afin de mieux comprendre l'action de la médication sur l'individu, voici trois schémas qui illustrent les courbes d'efficacité selon différents types de produit. Notez bien que les situations proposées correspondent à une représentation théorique et non à un médicament en particulier.

Médicament à action RAPIDE ET COURTE, pris UNE FOIS dans la journée

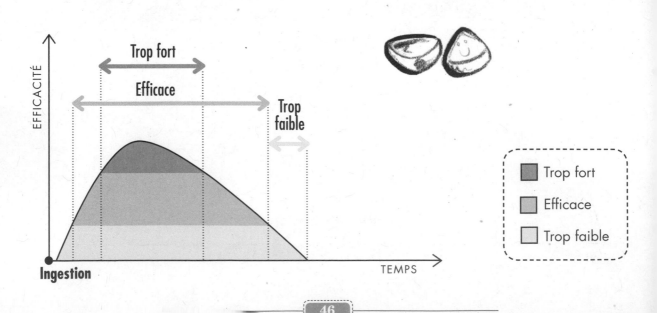

Médicament à action RAPIDE ET COURTE, pris TROIS FOIS dans la journée

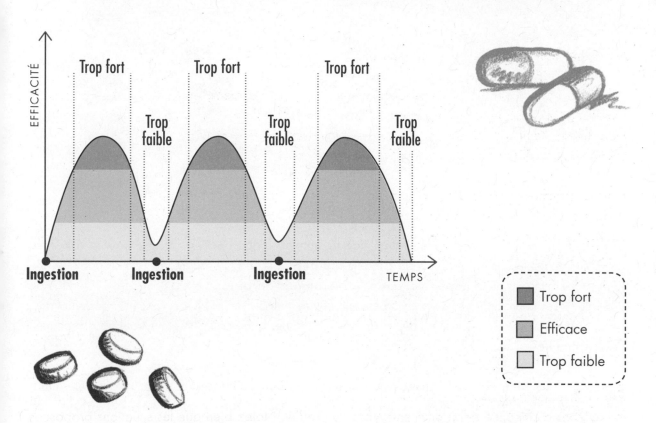

Médicament à action RAPIDE ET PROLONGÉE, pris UNE FOIS dans la journée

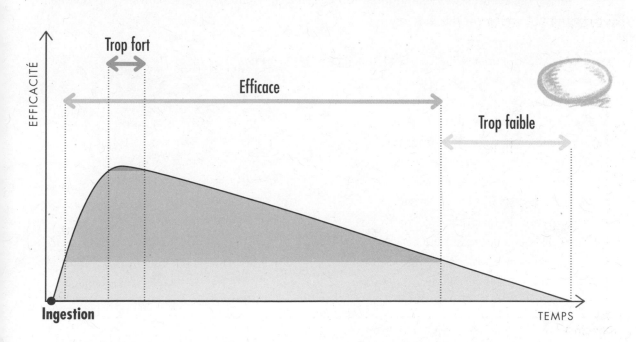

Les lunettes biologiques

Le saviez-vous ?

L'effet de courte durée d'un médicament est associé à plusieurs problèmes :

▸ l'action peut être trop forte au début et perdre son efficacité avant la prise de la prochaine dose. Cela entraîne une sensation d'effets en montagnes russes appelés en médecine « effets pics-creux » ;

▸ prendre une médication plusieurs fois par jour favorise les oublis. La personne peut aussi égarer plus facilement des comprimés ;

▸ prendre une médication en dehors de l'intimité de sa demeure brise souvent la confidentialité. Certaines personnes ne prennent pas la dose du midi par crainte qu'on sache qu'elles ont besoin d'une médication.

D'autres médicaments peuvent être utilisés, mais ils n'ont pas l'approbation officielle pour le traitement du TDAH. C'est le cas entre autres de certains **antidépresseurs** qui augmentent la disponibilité de la noradrénaline ou de la dopamine, des **neuroleptiques atypiques** et du **modafinil** (Alertec^{MD} ou Provigil^{MD}). Les neuroleptiques atypiques peuvent réduire l'impulsivité et l'hyper-réactivité des émotions. Le modafinil est utilisé pour traiter l'hypersomnolence diurne, la narcolepsie et les troubles du sommeil associés au travail sur des horaires variables.

Si la personne souffre aussi d'un trouble anxieux ou d'un trouble de l'humeur, il faut déterminer lequel traiter en priorité. Pour certains, **les psychostimulants peuvent accentuer les symptômes anxieux.** Certains antidépresseurs agissent sur la noradrénaline ou la dopamine et sont théoriquement intéressants pour traiter le TDAH. On retrouve parmi ceux-là le bupropion (Wellbutrin^{MD}, Wellbutrin SR^{MD}, Wellbutrin XL^{MD} ou Zyban^{MD}), la venlafaxine (Effexor XR^{MD}), la duloxétine (Cymbalta^{MD}) et la mirtazapine (Réméron^{MD}).

Cependant, peu d'études cliniques ont exploré les effets de ces produits pour le TDAH. En présence d'un TDAH compliqué d'une dépression ou d'un trouble anxieux, le médecin pourrait proposer un essai thérapeutique avec de telles molécules avant d'instaurer un traitement spécifique du TDAH. Le traitement optimal sera donc constitué d'une seule molécule ou d'une combinaison visant un maximum d'efficacité avec un minimum d'effets secondaires.

Plus encore...

Dans certains pays, l'accès aux médicaments à longue action et à prise unique quotidienne est difficile, soit parce que le produit n'est pas sur le marché, soit parce qu'il n'est pas couvert par les programmes gouvernementaux d'assurance médicament. Pourtant, des organismes comme la CADDRA (Canadian ADD Resource Alliance) les recommandent comme traitement en première intention. Souhaitons que tous les traitements efficaces deviennent bientôt disponibles pour tous.

Comme pour le port des lunettes dans la myopie, le traitement pharmacologique du TDAH vise un bon contrôle des symptômes toute la journée, tous les jours de l'année. Si le produit utilisé a une action de quatre heures, il devra donc être pris aux quatre heures. Les produits dits à longue action sont prescrits en dose unique le matin. Selon la durée de leur effet, il faut parfois ajouter une dose de médicament à courte action en fin de journée. La CADDRA suggère d'utiliser en première ligne les médicaments dits « à longue action » et en deuxième ligne ceux « à courte action ». Le Collège des médecins du Québec a émis des lignes directrices sur l'évaluation et la prise en charge du TDAH. Les doses maximales suggérées peuvent varier d'un pays à l'autre. Au Canada, les psychostimulants à libération prolongée (AdderallXR^{MD}, Biphentin^{MD}, Concerta^{MD}) et l'atomoxétine (Strattera^{MD}) ont reçu l'indication officielle pour le traitement de l'enfant, de l'adolescent et de l'adulte atteint de TDAH. Le Vyvanse^{MD} a été introduit au Canada en 2010 avec l'indication pour le TDAH chez l'enfant, alors qu'il est aussi indiqué chez l'adulte aux États-Unis. La guanfacine est actuellement disponible aux États-Unis. Les recommandations des experts canadiens de CADDRA pour l'évaluation et le traitement du TDAH sont disponibles sur le site www.caddra.ca. Le site du Dr Vincent www.attentiondeficit-info.com contient un tableau résumant, entre autres, les doses de départ, les intervalles d'ajustement et les doses maximales indiquées par la monographie des produits disponibles au Canada ainsi que les recommandations de CADDRA.

Psychostimulants à base d'amphétamines

Plusieurs personnes se trompent et pensent que les amphétamines prescrites pour le traitement du TDAH et la drogue de rue de type méthamphétamine sont identiques. Ce ne sont pas du tout les mêmes produits et il ne faut pas les confondre (lire le texte « Attention ! » à la page 57). Les produits à base d'amphétamine peuvent être prescrits comme premier essai thérapeutique et ne sont pas réservés aux cas complexes ou qui n'ont pas eu d'amélioration avec les autres traitements. Comme pour tous les traitements pharmacologiques du TDAH, la dose de départ est faible et augmentée progressivement. La **Dexédrine**^{MD} est disponible en comprimés, dont les effets durent entre trois et quatre heures, et en spansules, dont les effets s'étalent sur six à huit heures. Le nombre de prises par jour varie selon la durée de l'effet clinique.

Le **Vyvanse**^{MD} est un promédicament. Son mécanisme de libération de dextroamphétamine est novateur et demande une activation biologique via un enzyme présent dans le système digestif et sanguin. Le Vyvanse^{MD} contient de la lisdexamfétamine. Ce complexe est lui-même inactif et comprend une lysine couplée à de la dextroamphétamine. Le contact avec un enzyme permet de couper le lien qui les unit et libère ainsi progressivement la dextroamphétamine. Ce mécanisme n'est pas influencé par le temps de transit digestif ou le PH de l'estomac, ce qui peut expliquer sa stabilité d'effet d'une journée à l'autre et d'une personne à l'autre. La courbe de libération est la même que le produit soit avalé, inhalé ou injecté, ce qui réduit le risque d'abus. L'effet clinique dure environ 12 heures, parfois plus.

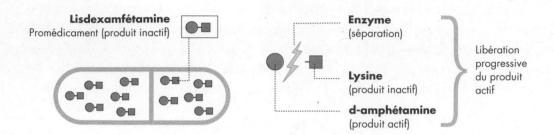

AdderallMD et **Adderall XR**MD sont constitués d'un mélange de quatre sels d'amphétamines. L'effet « longue action » (jusqu'à 12 heures) de la forme « XR » est possible grâce aux enrobages différents des granules. Les granules moins enrobées (50%) sont ainsi digérées plus rapidement et agissent en premier. Le corps prend un certain temps à digérer les granules qui ont un enrobage plus épais (50%), ce qui entraîne un deuxième pic de libération du médicament durant la journée. Comme pour les autres médicaments, la dose doit être ajustée individuellement.

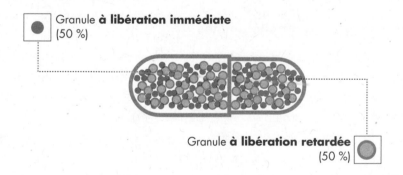

Psychostimulants à base de méthylphénidate

Les formulations orales contenant du méthylphénidate sont disponibles en produits à courte action (FocalinMD et RitalinMD) et à action intermédiaire et longue action (BiphentinMD, ConcertaMD, Focalin XRMD, Metadate CDMD, Ritalin LAMD et Ritalin SRMD). Depuis 2006, les patients américains ont aussi l'option de prendre du méthylphénidate libéré grâce à un mode d'administration transdermique, communément appelé timbre ou *patch*, le DaytranaMD. Les experts s'entendent pour dire que tous les produits à base de méthylphénidate sont efficaces, sécuritaires et peuvent être utilisés dans le traitement du TDAH chez l'adulte. Les mécanismes de libération étant différents, le temps nécessaire pour atteindre la concentration maximale et la quantité de médicament disponible à un moment donné dans le système peuvent varier d'un produit à l'autre, ce qui peut influencer la réponse clinique.

Méthylphénidate à courte action :

Le **Ritalin**MD (méthylphénidate) est le psychostimulant le plus connu mondialement. Comme l'effet clinique du RitalinMD dure habituellement entre trois et quatres heures, il doit être pris fréquemment dans la journée (ex. : 8 h, 12 h, 16 h et parfois 20 h).

Le **Focalin**MD (d-méthylphénidate) contient la forme active, l'isomère-d, du méthylphénidate. Ceci permet de réduire les doses totales journalières (en mg). Son effet clinique est court et, comme le RitalinMD, il doit être pris à plusieurs reprises dans la journée. La forme longue action du FocalinMD, Focalin XRMD, est disponible aux États-Unis depuis juin 2005.

Méthylphénidate à durée d'action intermédiaire et à longue action

Le **Focalin XR**MD (dexméthylphénidate HCL), le **Metadate**MD (méthylphénidate HCL) et le **Ritalin LA**MD (méthylphénidate HCL) permettent un effet thérapeutique prolongé qui correspond à la prise de deux doses de médicament réparties dans la journée pour un effet à durée d'action intermédiaire allant jusqu'à huit heures, permettant ainsi de ne pas avoir à prendre un comprimé en milieu de journée. Pour tous ces produits, le médicament est libéré en deux phases. Les proportions de médicament libéré varient d'un produit à l'autre : pour le Focalin XRMD et le Ritalin LAMD, la dose initiale et la deuxième dose comptent toutes deux pour 50 % de la dose totale alors que pour le MetadateMD, la dose initiale est de 30 % et la seconde, de 70 %. Le **Ritalin SR**MD utilise un mécanisme de libération qui n'est pas toujours stable et est moins souvent prescrit pour cette raison.

Le **Biphentin**MD permet une action clinique prolongée jusqu'à dix ou douze heures grâce à son mécanisme de libération multi-couches de méthylphénidate, libérant initialement 40 % de la médication active puis ensuite 60 % de façon progressive.

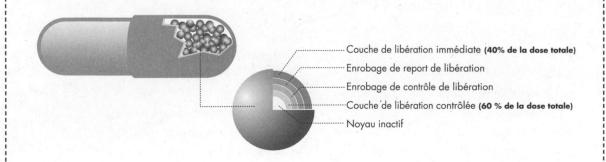

Couche de libération immédiate (**40% de la dose totale**)

Enrobage de report de libération

Enrobage de contrôle de libération

Couche de libération contrôlée (**60 % de la dose totale**)

Noyau inactif

Le **Concerta**MD (méthylphénidate en **pompe osmotique**) permet un effet clinique prolongé qui correspond à la prise de trois doses de médicament réparties dans la journée, pour un effet « longue action ». 22 % de la dose se trouve dans l'enrobage, qui se dissout rapidement, procurant une dose immédiate de méthylphénidate. Le reste est libéré progressivement grâce au système de pompe osmotique, procurant un effet clinique qui peut durer jusqu'à 12 heures. Vu son mécanisme d'action, il ne faut pas couper ou croquer le comprimé.

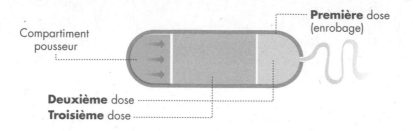

Compartiment pousseur

Première dose (enrobage)

Deuxième dose
Troisième dose

Timbre transdermique de méthylphénidate

Le **Daytrana**MD est le premier système transdermique disponible dans le traitement du TDAH chez l'enfant. Des études sont en cours pour le TDAH chez l'adulte. Le timbre est appliqué sur la hanche chaque matin et la durée du port recommandée est de neuf heures et moins. Comme les effets thérapeutiques persistent pour environ trois heures après le retrait du timbre, l'heure à laquelle il est retiré permet de mieux cibler la durée totale de l'effet visé.

Le saviez-vous ?

Certains psychostimulants sont aussi disponibles sous forme de générique. Au Canada, pour être homologué « générique », le médicament doit être déclaré « bioéquivalent » selon des normes établies. Il doit utiliser le même produit actif que l'original, avoir une concentration maximale plasmatique et libérer une quantité totale de produit semblable au médicament d'origine à l'intérieur d'un intervalle de 80 à 125%. Cependant, le temps pour atteindre la concentration maximale peut varier. De nouvelles études cliniques ne sont pas exigées pour les génériques. Comme bioéquivalence ne veut pas toujours dire équivalence clinique, certaines personnes décrivent parfois un effet différent entre le produit générique et l'original, alors que d'autres ne remarquent pas de différence.

Le **STRATTERA**ᴹᴰ (atomoxétine) agit sélectivement sur la pompe de recapture de la noradrénaline. Il est indiqué dans le traitement du TDAH chez l'enfant, l'adolescent et l'adulte. La plupart des gens prennent l'atomoxétine en une dose unique le matin. Certains la tolèrent mieux si elle est servie le soir ou répartie en deux doses dans la journée. La guanfacine (**Tenex**ᴹᴰ, **Intuniv**ᴹᴰ) agit directement sur le récepteur alpha-2 de la noradréna-line. Il en « mime » l'effet à ce niveau. L'atomoxétine et la guanfacine n'ont pas les mêmes mécanismes d'action que les psychostimulants. Leurs effets thérapeutiques seraient plus lents à s'installer et peuvent prendre de une à quatre semaines avant d'apparaître. Une fois présent, l'effet bénéfique semble plus prolongé au cours de la journée pour l'atomoxétine et la guanfacine à libération prolongée.

Quand la médication est efficace, les personnes atteintes de TDAH rapportent souvent un effet « frein » sur la bougeotte des idées. Elles reprennent le con-trôle du fil de leur pensée, sont moins faciles à dis-traire et mieux organisées.

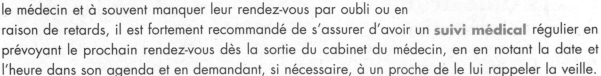

Comme les gens atteints de TDAH ont tendance à « procrastiner » pour prendre un rendez-vous chez le médecin et à souvent manquer leur rendez-vous par oubli ou en raison de retards, il est fortement recommandé de s'assurer d'avoir un **suivi médical** régulier en prévoyant le prochain rendez-vous dès la sortie du cabinet du médecin, en en notant la date et l'heure dans son agenda et en demandant, si nécessaire, à un proche de le lui rappeler la veille.

Voici quelques stratégies pour ne pas oublier de prendre ses médicaments :

▸ Utiliser un **système avec pilulier ou Dispill**ᴹᴰ.

▸ Placer un mémo ou une alarme pour y penser.

▸ Ranger la médication à un endroit sûr, mais accessible aux adultes.

▸ Garder des comprimés de « dépannage » dans des endroits stratégiques comme le sac à main ou le coffre à gants de la voiture.

Je suis atteint de TDAH, forme combinée. J'ai cessé de fumer il y a 10 ans. Par ailleurs, ma santé est excellente. Pour traiter le TDAH, j'ai d'abord commencé une médication à courte action. À faible dose, je ne notais pas d'effets secondaires, mais pas d'effets bénéfiques non plus. À dose plus élevée, l'effet thérapeutique est net : j'ai moins de bougeotte, je suis moins impulsif et beaucoup mieux organisé. Malheureusement, le médicament ne fait effet que deux heures. Je ressens d'abord un pic trop fort associé à des palpitations et à une sensation très inconfortable d'anxiété et de fébrilité. À la fin de l'effet, c'est la brume qui envahit mon cerveau, je suis pire que si je ne prenais pas de médicament. J'en ai discuté avec mon médecin et nous avons convenu de cesser cette médication, car les effets indésirables sont trop importants chez moi. J'ai essayé ensuite une médication à plus longue action. L'effet thérapeutique est net et les pics sont moins intenses. Pour moi, la différence est claire. Un médicament me va, l'autre pas.

Philippe, 50 ans

Effets indésirables de la médication

Les psychostimulants et l'atomoxétine sont généralement bien tolérés. Cependant, tous les médicaments peuvent entraîner des effets secondaires. **Il ne faut pas essayer d'ajuster sa médication soi-même :** si un effet secondaire est dérangeant, il est important d'en parler avec son médecin. Celui-ci pourrait en réviser la posologie (la « force ») ou proposer un essai avec un autre type de médicament.

Informez-vous auprès de votre médecin ou de votre pharmacien si vous avez des questions plus précises quant aux traitements disponibles.

Les effets secondaires des médicaments peuvent être réduits en utilisant des doses plus faibles et en les augmentant plus lentement. Les médicaments dits à longue action sont parfois mieux tolérés que ceux dits à courte action. **Le corps s'habitue aux effets secondaires, mais non aux effets thérapeutiques.** Certaines personnes remarquent un meilleur effet avec un type de médicament qu'un autre. Il importe de toujours en discuter avec son médecin. Celui-ci pourra considérer un changement de produit si les effets indésirables persistent ou si la réponse thérapeutique n'est pas satisfaisante. Par exemple, si une sensation d'hyperfocus ou de « zombie » apparaît, il faut réduire la dose. L'apparition de tics peut être liée à la prise de psychostimulants. Cependant, l'atomoxétine et la guanfacine seraient moins associées que les psychostimulants à l'apparition de tics et à l'aggravation des symptômes d'anxiété.

TRUCS POUR RÉDUIRE L'INTENSITÉ DES EFFETS SECONDAIRES

Insomnie

Note : À différencier des troubles de sommeil préexistants.

- ▸ Prendre la dernière dose de médicament plus tôt.
- ▸ Éviter la prise de café ou d'autres stimulants en soirée.

Diminution de l'appétit

Note : Peu d'adultes se plaignent de cet effet.

- ▸ Prendre la médication avec ou après le repas.
- ▸ Manger quand l'appétit revient, en soirée par exemple.
- ▸ Prendre des collations en cours de journée.

Perte de poids

Note : Peu d'adultes se plaignent de cet effet.

- ▸ Suivre les mêmes recommandations que pour la diminution de l'appétit.

Nausée

Note : La nausée est souvent temporaire.

- ▸ Suivre les mêmes recommandations que pour la diminution de l'appétit.

Mal de tête

Note : Le mal de tête est souvent temporaire et léger et associé au changement de doses.

- ▸ Prendre des médicaments de type acétaminophène si nécessaire (ex. : Tylenol[MD]).

Les lunettes biologiques

Bouche sèche

▸ Mâcher de la gomme sans sucre.

▸ Consommer des bonbons non sucrés.

▸ Boire de l'eau.

▸ Avoir une bonne hygiène dentaire pour réduire le risque de caries.

Augmentation du rythme cardiaque (pouls) et de la tension artérielle

Note : Si la personne est connue comme étant hypertendue ou à risque d'hypertension, il est important de surveiller la tension artérielle et de rapporter à son médecin tout changement significatif.

▸ Mesurer le pouls et la tension artérielle, particulièrement aux changements de doses.

▸ Utiliser les appareils de prise de tension artérielle disponibles en pharmacie pour un contrôle plus étroit.

▸ Éviter la prise de café ou d'autres stimulants.

Sensation de fébrilité, d'irritabilité ou d'anxiété

Note : Il faut distinguer l'aggravation des symptômes d'un trouble anxieux déjà présent de l'apparition d'effets secondaires associés à la médication.

▸ Considérer un traitement précis pour le trouble anxieux sous-jacent dans les cas où il existait déjà des symptômes d'anxiété avant l'introduction du médicament « anti-TDAH ».

▸ Éviter la prise de café, de thé ou d'autres stimulants comme le chocolat.

▸ Considérer le choix d'un médicament non stimulant (atomoxétine, guanfacine).

Effets de « crash » ou sensation de fatigue intense en fin de dose

▸ Rapprocher les intervalles entre les prises.

▸ Considérer une médication à longue action.

Attention !

Comme tous les produits utilisés dans le traitement du TDAH peuvent potentiellement augmenter la tension artérielle et le pouls, il importe d'être prudent et de vérifier si le patient a une histoire personnelle ou familiale de problèmes cardiaques.

Nous connaissons mal les effets que les médicaments pour traiter le TDAH peuvent avoir sur le **fœtus** en développement. Par conséquent, il est fortement recommandé aux femmes en âge de procréer d'utiliser une méthode contraceptive efficace quand elles prennent de tels traitements. Si une grossesse est envisagée, il sera important que la femme en discute avec son médecin.

Nous avons très peu d'informations sur les effets associés à la combinaison de médicaments anti-TDAH à du cannabis ou à d'autres **drogues.** La prise de cocaïne peut augmenter dangereusement la tension artérielle. Les médecins recommandent fortement de rester abstinent quant à la prise de tout type de drogue lorsqu'on doit prendre des médicaments pour traiter le TDAH.

Dans certains milieux, la personne qui prend un psychostimulant peut être incitée par des amis à leur en donner, « pour mieux étudier ou pour rester éveillés plus longtemps ». Ce phénomène s'appelle de la **diversion** et est un problème principalement chez les adolescents mais aussi parfois chez l'adulte. Il peut être dangereux de prendre une médication qui ne vous a pas été prescrite spécifiquement pour vous, il est important d'en discuter avec son médecin en premier.

Plusieurs sont concernés par le risque d'abus quand on parle de psychostimulants. Les psychostimulants à courte action peuvent entraîner une sensation euphorique, un « high », s'ils sont pris en trop grande quantité ou si quelqu'un les réduit en poudre et les utilise comme drogue en les inhalant ou en se les injectant. Plusieurs psychostimulants à longue action sont presque impossibles à écraser et sont donc extrêmement compliqués à inhaler ou à injecter. Par conséquent, s'il y a un risque d'abus potentiel pour un patient donné, le clinicien va probablement opter pour une médication non psychostimulante comme l'atomoxétine, la guanfacine ou pour un psychostimulant à longue action non « écrasable ».

Plus encore...

Maintenir ou développer une **bonne hygiène de vie** aide à mieux contrôler les symptômes de TDAH et aussi plusieurs des effets secondaires associés à la médication. **Dormir** un nombre d'heures suffisant, prendre le temps de **bien manger**, se donner des périodes de repos et de détente, avoir du **plaisir** dans la vie, favoriser un bon équilibre travail/loisirs ainsi que faire de **l'activité physique** sont des atouts pour tous.

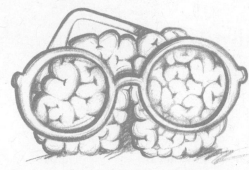

Aide-mémoire

SECTION 3

Rappelons-nous ici les principaux points présentés dans cette section :

▶ Les médicaments disponibles pour traiter le TDAH sont les **psychostimulants** et les **non-psychostimulants** (atomoxétine et guanfacine).

▶ Les psychostimulants agissent principalement en augmentant la disponibilité de la **dopamine** au niveau de la synapse en bloquant sa recapture et en augmentant sa libération.

▶ L'atomoxétine, un non-psychostimulant, agit principalement en augmentant la disponibilité de la **noradrénaline** au niveau de la synapse en bloquant sa recapture.

▶ La guanfacine, un non-psychostimulant, mime l'action de la noradrénaline au niveau des récepteurs alpha-2.

▶ Comme le font les lunettes biologiques pour le cerveau, ils aident à **réduire les symptômes** du TDAH et permettent aux mécanismes d'adaptation d'être plus efficaces.

▶ Il n'y a pas de médicament miracle. Le traitement doit toujours être effectué sous **supervision médicale**.

Les lunettes psychologiques

SECTION 4
Les lunettes psychologiques
Découverte de trucs pratiques et d'astuces efficaces

Que la personne atteinte de TDAH choisisse de prendre ou non une médication, elle utilisera dans son quotidien des mécanismes d'adaptation, des trucs pour contourner ou réduire l'impact des symptômes encore présents. Compte tenu des problèmes de concentration et de la désorganisation qui sont souvent le lot des personnes atteintes, il peut être très difficile d'appliquer les trucs décrits ici. Il est donc important d'expérimenter diverses stratégies et, surtout, de ne pas se décourager. **Chacun doit trouver les trucs qui lui conviennent.**

François est mon grand frère. Tout comme notre père et notre grand-mère, nous sommes venus au monde avec un TDAH. Papa doit prendre une médication, grand-maman n'a jamais essayé. Nous avons trouvé plein de trucs et d'astuces pour contourner les symptômes du TDAH. Pour réduire la perte d'objets, ma solution est de bien noter où je dépose mes choses et d'adopter le principe « chaque chose à sa place ». Je me retrouve plus vite et j'ai moins d'objets dont j'ai besoin qui sont « égarés temporairement ». Pour mon frère François, c'est l'opposé. Il est incapable d'une telle discipline plus de quelques jours et il reste toujours éparpillé. Il a donc décidé de se procurer ses choses « essentielles » en plusieurs exemplaires. Il possède six trousseaux de clés, quatre marteaux et je ne sais pas combien de lunettes de soleil pour en avoir toujours sous la main, le temps de retrouver les autres.

Marie-Julie, 29 ans, et François, 33 ans

Je suis représentante. Pour mon travail, je me promène d'un client à l'autre, ce qui convient très bien à ma bougeotte. Je manque beaucoup moins de rendez-vous depuis que je gère mon horaire avec un agenda électronique. J'ai un bon revenu, mais je gaspillais facilement mille dollars par an en contraventions de stationnement. L'histoire est classique. Je me stationne devant le magasin de mon client, je mets de l'argent dans le parcomètre et j'entre. Puis je ne vois pas le temps passer. Quand j'ai fini, l'agent a déjà mis une contravention dans mon pare-brise. Je prends la contravention et la range machinalement quelque part, puis je l'oublie. Des semaines plus tard, je reçois un avis de retard de paiement, incluant des frais supplémentaires. Quand j'ai appris que j'avais un TDAH, j'ai compris bien des choses! J'ai alors mis d'autres stratégies en place. Maintenant, je programme mon agenda pour que l'alarme sonne cinq minutes avant la fin du temps payé au parcomètre. J'ai donc le temps de conclure ma visite et de m'en aller, ou de retourner mettre de la monnaie pour la période restante. Avec les stratégies mises en place, j'ai nettement amélioré ma qualité de vie et je m'en porte mieux.

Nathalie, 34 ans

Chacun sa technique, chacun sa paire de lunettes

Pour réduire l'impact du TDAH dans le quotidien, des techniques de gestion du temps et d'organisation de la tâche comme l'utilisation de mémos, d'agenda et de listes seront utiles pour tous. Le Dr Russell Barkley insiste sur la nécessité d'utiliser les trucs adaptatifs à l'endroit et au moment où ils seront utiles (on réfère alors au *point of performance*, en anglais). Par exemple, il est plus pratique de placer près du téléphone un mémo indiquant de penser à rappeler une telle personne. De la même façon, le mémo rappelant de rapporter du lait au retour du travail n'aura aucune utilité s'il est placé sur la porte du réfrigérateur.

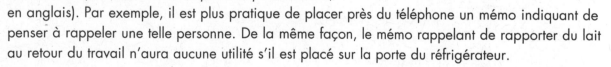

Vous trouverez, aux pages suivantes, un tableau des trucs utilisés avec succès par plusieurs personnes atteintes de TDAH.

INSTRUCTIONS D'UTILISATION DU TABLEAU

▸ Cocher les trucs qui sont déjà en place.

▸ Surligner ceux que vous aimeriez mettre en application.

▸ Barrer d'un trait ceux qui ne conviennent pas.

▸ Utiliser ceux qui fonctionnent à volonté.

▸ Être persévérant, mais surtout inventif.

▸ Chacun est différent. Votre solution n'est pas celle du voisin.

FAVORISER L'ORGANISATION DU TEMPS

Concrétiser le temps

☐ Utiliser une montre, un sablier ou un réveil pour voir le temps passer.

☐ Programmer une alarme sonore (ou avec vibration) pour se rappeler de démarrer, de finir ou de changer de tâche. Certains téléphones portables et agendas électroniques offrent cette fonction.

Gérer son temps et ses idées

☐ Apprivoiser la routine : en suivant un ordre établi, moins de risque d'oublis.

☐ Établir un horaire, se faire un tableau d'organisation, établir des objectifs par priorités et se donner des échéanciers.

☐ Pour le travail, se donner des blocs de temps par thèmes, par exemple :

> ▸ la gestion des téléphones et le retour du courrier électronique ;
>
> ▸ la paperasse ;
>
> ▸ la planification ;
>
> ▸ les projets en cours et les tâches à réaliser.

☐ Préférer les débuts ou fins de journée où il y a moins de gens, donc moins d'interruptions, pour faire avancer le travail qui demande plus de concentration.

☐ Prendre des notes, préférer les écrits.

☐ Se trouver un aide-mémoire : choisir un calepin ou un agenda au lieu de noter sur des feuilles séparées et plus faciles à égarer.

Les lunettes psychologiques

☐ Utiliser un agenda :

> ▸ choisir un format assez petit pour le traîner, mais assez gros pour contenir ce que l'on veut y écrire ;
>
> ▸ garder l'agenda à portée de main ;
>
> ▸ déterminer l'endroit où le mettre, par exemple près du téléphone ;
>
> ▸ choisir entre un format papier et un format informatique ;
>
> ▸ l'apporter avec soi, se mettre un mémo près de la porte si on a tendance à l'oublier ;
>
> ▸ y inscrire les choses habituelles, mais aussi les « bonnes idées à ne pas oublier » qui jaillissent en cours de journée ;
>
> ▸ utiliser l'agenda pour la liste des « choses à faire » et indiquer un code de priorité ;
>
> ▸ apprendre à le consulter au début de la journée ;
>
> ▸ se donner le temps de planifier sa journée.

☐ Faire des listes.

☐ Placer des mémos écrits aux endroits pertinents, là où ils seront utiles. Les « *post-it* » sont de grands favoris.

☐ S'envoyer soi-même des mémos sonores sur la boîte vocale ou le répondeur.

☐ Éviter de s'éparpiller et limiter la procrastination.

☐ Attention aux « tant qu'à y être » de dernière minute et à la tendance à se planifier plus de tâches qu'il est humainement possible d'en réaliser. Les anglophones parlent alors d'*overbooking*. Voici quelques questions à se poser :

> ▸ Ai-je tendance à combler le temps qu'il me reste en me rajoutant des choses à faire puis à être en retard ?
>
> ▸ Y a-t-il trop de tâches à faire pour le temps disponible ?
>
> ▸ Y a-t-il des listes de tâches qui s'accumulent ?

☐ Éviter d'attendre à la dernière minute :

> ▸ découper la tâche globale en plus petites tâches, en étapes ;
>
> ▸ se donner des échéanciers raisonnables pour chaque étape et les respecter ;
>
> ▸ réaliser une étape à la fois ;
>
> ▸ se récompenser quand la tâche est terminée ou à chaque étape.

Les lunettes psychologiques

Opter pour le principe « chaque chose à sa place »

☐ Favoriser les systèmes de classement bien définis : paniers, tiroirs, fichiers.

☐ Préférer un classement de type vertical, par exemple des fichiers debout, contenant chacun des documents, plutôt qu'un classement de type horizontal comme des piles de documents où on ne voit que le premier sur le dessus.

☐ Placer bien en vue ce qui doit passer en priorité ou ce que vous ne voulez pas oublier, comme de la paperasse à compléter ou des comptes à payer.

☐ Utiliser des codes de couleur (ex. : rouge pour les priorités).

☐ Utiliser des indicateurs visuels du contenu pour les contenants fermés.

☐ Éviter les environnements trop chargés.

Gérer la paperasse

☐ Éviter les piles qui traînent.

☐ Éliminer les piles « à faire un jour ».

☐ Gérer le document immédiatement puis l'envoyer, le classer ou le jeter. (En anglais, on parle du principe OHIO, pour « *Only Handle It Once* ». En français, on pourrait traduire cela par la règle du MUST : « Manipuler en Un Seul Temps ».

Réduire le temps perdu à chercher des objets

☐ Prendre le temps de remarquer où l'on place ses objets.

☐ Déterminer des endroits précis où ranger les objets importants.

☐ Se procurer le matériel ou l'équipement de travail en double.

☐ Pourvoir ses objets personnels d'une étiquette à son nom. Ils seront plus faciles à retracer dans une boîte d'objets perdus, par exemple.

Favoriser de bonnes conditions de travail

☐ Trouver dans quelles conditions l'on travaille le mieux :

> ▸ En silence ou avec de la musique ?

> ▸ Assis, debout, en griffonnant ou en marchant ?

> ▸ Seul ou en présence d'autres personnes ?

> ▸ Dans un endroit calme et retiré de l'action ?

> ▸ En faisant une seule tâche ou en menant plusieurs projets de front ?

Réduire les distracteurs sonores

☐ Utiliser des bouchons d'oreilles.

☐ Masquer les bruits avec une musique de fond.

☐ Porter des écouteurs.

☐ S'isoler en fermant la porte.

Réduire les distracteurs visuels

☐ Retirer les objets non pertinents de l'aire de travail.

☐ Éviter les stimuli « invitants », comme la fenêtre, la télévision ou l'ordinateur.

☐ S'asseoir devant la tâche ou devant l'interlocuteur en tournant le dos aux distracteurs.

Réduire les distracteurs internes

☐ Prendre en note les idées qui viennent pour pouvoir y revenir plus tard.

☐ Dans une réunion, mettre ses idées par écrit au lieu de couper la parole.

☐ Pour une tâche où l'on tombe facilement dans la lune : se mettre une alarme sonore ou par vibration pour vérifier si on travaille encore à la bonne tâche à ce moment.

Dans les loisirs

☐ Canaliser le besoin de bouger dans les sports. Un cerveau actif fonctionne encore mieux !

☐ Favoriser l'action, le mouvement.

Au travail

☐ Prendre des pauses pour se « dégourdir ».

☐ Trouver un travail qui permette de bouger.

☐ Dessiner, écrire ou griffonner si vous éprouvez le besoin de bouger mais devez rester assis.

Gérer son budget

☐ Planifier ses dépenses à l'avance.

☐ Établir un budget et le respecter.

☐ Retirer de l'argent une fois par semaine seulement.

☐ Favoriser les transactions avec de l'argent comptant pour réduire les dépenses impulsives.

Gérer les comptes

☐ Gérer le compte dû immédiatement :

 ▸ envoyer le paiement dès la réception du compte ;

 ▸ utiliser un chèque postdaté ou des transactions par Internet ;

 ▸ automatiser ses paiements grâce à des paiements préautorisés.

☐ Ne pas accumuler les reçus : les classer ou les jeter.

☐ Minimiser le nombre de comptes à gérer et le nombre de cartes de crédit.

Réduire les achats impulsifs

☐ Se poser la question : « En ai-je vraiment besoin ? »

☐ Se poser la question : « Ai-je l'argent pour me l'offrir ? »

☐ Attendre et revenir un autre jour pour les achats non planifiés.

☐ Favoriser l'utilisation d'argent comptant plutôt que celle de cartes de débit et de crédit.

☐ Minimiser les tentations :

  ▸ déterminer un montant d'argent par semaine à dépenser, le retirer en argent comptant et se limiter à ce montant ;

  ▸ éviter d'aller flâner dans les magasins ;

  ▸ dresser une liste d'achats avant de partir magasiner et la respecter ;

  ▸ vérifier les prix par téléphone plutôt que sur place.

Améliorer ses relations interpersonnelles

☐ Prendre consciemment du recul avant de parler ou d'agir pour mesurer l'impact des paroles ou des gestes.

☐ Faire attention pour moins couper la parole.

Améliorer sa conduite automobile

☐ Surveiller sa vitesse.

☐ Utiliser le régulateur de vitesse (*cruise control*).

☐ Respecter les limites et la signalisation.

☐ Garder ses distances.

☐ Aviser les passagers de ne pas vous distraire lorsque vous conduisez.

☐ Éviter de faire d'autres tâches en conduisant.

Déléguer lorsque c'est possible

☐ Équilibrer le partage des tâches à la maison.

☐ Retenir les services de professionnels si nécessaire pour :

> ▸ le ménage ;
> ▸ l'entretien extérieur de la maison ;
> ▸ l'aide aux devoirs ;
> ▸ la comptabilité.

Apprivoiser ses émotions

☐ Agir plutôt que réagir.

☐ Reconnaître la présence d'hyper-réactivité.

☐ Prendre du recul plutôt qu'exploser.

☐ *Se retirer au lieu d'éclater. Les anglophones parlent de pauses time out.*

☐ Utiliser l'humour.

Expliquer aux autres que vous avez un TDAH. Ceux-ci pourraient :

☐ S'assurer que vous êtes attentif en favorisant le contact :

> ▸ visuel (regarder dans les yeux) ;
> ▸ sonore (par exemple, nommer l'autre ou l'interpeller avant de lui parler) ;
> ▸ tactile (par exemple, prendre doucement par le bras).

☐ Vous parler en utilisant des phrases plus courtes.

☐ Vous envoyer des messages écrits sur papier, grâce au télécopieur ou au courrier électronique, plutôt que verbaux (par exemple, par téléphone).

Connaître son stress

☐ Prendre le temps d'explorer votre quotidien pour découvrir quelles sont les sources de stress dans votre vie. (Pour vous aider, nous vous suggérons de remplir le questionnaire de la page 70.)

☐ Après avoir déterminé les principales sources de stress dans votre vie, vous pourrez utiliser les étapes de résolution de problème suivantes.

1. Premièrement, réaliser qu'il y a un problème !

2. Cerner le problème et en préciser les différents aspects.

3. Faire la liste des solutions envisageables, de la plus farfelue à la plus raisonnable.

4. Évaluer les solutions en en pesant les avantages et les inconvénients (**pour** et **contre**).

5. Choisir une seule solution.

6. APPLIQUER la solution retenue.

7. Évaluer l'impact de la solution.

Reprendre le processus au besoin.

Le saviez-vous ?

Les émotions fortes engendrées par la pratique de sports extrêmes et le stress engendré par le fait d'avoir attendu à la dernière minute pour faire une tâche entraînent dans notre corps une forte sécrétion d'hormones qui elles-mêmes augmentent la sécrétion de noradrénaline et de dopamine, d'où l'expression « être sur l'adrénaline ». Souvent, les gens atteints de TDAH, particulièrement les hyperactifs-impulsifs, diront qu'ils sont plus efficaces et plus concentrés dans ces conditions.

Questionnaire
Quelles sont les sources de stress dans votre vie ?

Il est important de prendre le temps d'explorer les sources de stress dans votre vie. Le questionnaire qui suit permet de mieux cibler certains problèmes courants et ainsi de trouver des solutions appropriées pour y remédier.

Dans quelle sphère ressentez-vous le plus de stress ? Les trucs énumérés auparavant peuvent-ils vous aider à mieux vivre avec ces difficultés ? Pour chacun des énoncés ci-dessous, indiquez le niveau de stress ressenti à l'aide des chiffres 0 à 3.

Finances

0	1	2	3	▶ La gestion de la paperasse
0	1	2	3	▶ La planification du budget
0	1	2	3	▶ Le respect du budget établi
0	1	2	3	▶ L'endettement
0	1	2	3	▶ Le « coussin de sécurité »
0	1	2	3	▶ Les formulaires (ex. : les formulaires d'impôt)

0 : N'est pas un **problème** ou ne s'applique pas

1 : Me dérange **peu**

2 : Me dérange **souvent**

3 : Est un problème **majeur**

Famille

0	1	2	3	▶ Les situations de crise (ex. : décès, divorce)
0	1	2	3	▶ La nécessité de s'occuper d'un proche malade
0	1	2	3	▶ Les problèmes conjugaux
0	1	2	3	▶ L'encadrement des enfants
0	1	2	3	▶ Les comportements difficiles des enfants
0	1	2	3	▶ Le temps passé à « faire le chauffeur » pour les enfants

Études

- [0] [1] [2] [3] ▶ Les difficultés d'apprentissage
- [0] [1] [2] [3] ▶ Un faible réseau d'amis à l'école
- [0] [1] [2] [3] ▶ Les conflits interpersonnels à l'école
- [0] [1] [2] [3] ▶ Les échecs (vécus ou anticipés)
- [0] [1] [2] [3] ▶ L'indécision quant à l'orientation scolaire
- [0] [1] [2] [3] ▶ L'équilibre entre les études et les loisirs

Facteurs personnels

- [0] [1] [2] [3] ▶ Les problèmes de consommation de drogues ou d'alcool
- [0] [1] [2] [3] ▶ Les retards et le sentiment d'être à la dernière minute
- [0] [1] [2] [3] ▶ Les difficultés chroniques d'organisation
- [0] [1] [2] [3] ▶ L'estime de soi
- [0] [1] [2] [3] ▶ L'anxiété
- [0] [1] [2] [3] ▶ La dépression

Santé personnelle

- [0] [1] [2] [3] ▶ La maladie
- [0] [1] [2] [3] ▶ Les problèmes chroniques de santé
- [0] [1] [2] [3] ▶ Les douleurs chroniques
- [0] [1] [2] [3] ▶ L'alimentation
- [0] [1] [2] [3] ▶ Les horaires de sommeil
- [0] [1] [2] [3] ▶ La pratique d'activités physiques

Emploi

- [0] [1] [2] [3] ▶ L'orientation de sa carrière
- [0] [1] [2] [3] ▶ Les problèmes au travail
- [0] [1] [2] [3] ▶ L'insatisfaction professionnelle
- [0] [1] [2] [3] ▶ Les conflits interpersonnels au travail
- [0] [1] [2] [3] ▶ Un horaire trop chargé
- [0] [1] [2] [3] ▶ La perte d'un emploi

Le saviez-vous ?

Certaines écoles offrent de l'aide particulière aux étudiants ayant des difficultés d'apprentissage. Voici des suggestions d'adaptations spéciales qu'un étudiant souffrant d'un TDAH peut demander à l'école. Tous les milieux d'enseignement n'y sont pas nécessairement ouverts. Un billet médical est souvent requis.

▸ Pouvoir être assis à l'avant de la classe, près du professeur.

▸ Avoir quelqu'un qui prend des notes pour l'étudiant atteint de TDAH.

▸ Obtenir la permission d'enregistrer le cours.

▸ Obtenir la permission d'utiliser l'ordinateur pour écrire. Le correcteur de texte aide à minimiser le risque d'erreurs d'inattention lors de la rédaction.

▸ Pouvoir réduire la tâche obligatoire, comme prendre moins de cours par session, et garder un statut d'étudiant à temps plein.

▸ Obtenir plus de temps pour faire les travaux et compléter les examens. Il faut cependant s'assurer que quelqu'un supervise la tâche pour que le temps supplémentaire alloué soit bien utilisé et non perdu.

▸ Passer les examens dans une pièce à part qui contient peu de distracteurs. Il faut alors que le surveillant ait été avisé d'être silencieux.

▸ Pouvoir compléter l'examen d'une autre manière. Par exemple, certains élèves atteints de TDAH performent mieux s'ils sont évalués oralement plutôt que par écrit.

Voir www.attentiondeficit-info.com pour les stratégies adaptatives au niveau post-secondaire et les programmes d'aide adaptée.

Le partage des tâches : qui fait quoi ?

Le partage des tâches à la maison est source de stress et de conflits pour plusieurs couples. Le problème est souvent encore plus criant dans les familles où l'un des adultes est atteint de TDAH. Pour simplifier l'organisation, je vous suggère d'utiliser une liste de tâches domestiques comme celle proposée dans les pages suivantes et d'entreprendre la démarche que voici :

INSTRUCTIONS D'UTILISATION DU TABLEAU

▸ Faire autant de copies qu'il y a de gens impliqués dans le partage des tâches, plus une.

▸ Compléter chacun sa liste.

▸ Discuter du partage des tâches.

▸ Écrire sur la dernière copie le résultat de consensus obtenu.

	Fréquence	Responsable(s)	Degré de satisfaction (de 0/10 à 10/10)
ENTRÉE			
▶ Ranger les objets qui traînent			
▶ Épousseter			
▶ Passer l'aspirateur			
▶ Nettoyer le plancher			
SALON			
▶ Ranger les objets qui traînent			
▶ Épousseter			
▶ Passer l'aspirateur			
▶ Nettoyer le plancher			
CUISINE/SALLE À MANGER			
▶ Nettoyer la cuisine après les repas			
▶ Ranger les objets qui traînent			
▶ Épousseter			
▶ Passer l'aspirateur			
▶ Nettoyer le plancher			
▶ Nettoyer la cuisinière			
▶ Nettoyer le grille-pain et le micro-ondes			
▶ Nettoyer le réfrigérateur			
▶ Nettoyer le four			
▶ Changer le sac de la poubelle			
CHAMBRE DES MAÎTRES			
▶ Faire le lit			
▶ Ranger les vêtements et les objets			
▶ Épousseter			
▶ Passer l'aspirateur			
▶ Nettoyer le plancher			

	Fréquence	Responsable(s)	Degré de satisfaction (de 0/10 à 10/10)
CHAMBRE(S) D'ENFANT(S)			
▶ Faire le(s) lit(s)			
▶ Ranger les vêtements et les objets			
▶ Épousseter			
▶ Passer l'aspirateur			
▶ Nettoyer le plancher			
SOUS-SOL			
▶ Ranger les objets qui traînent			
▶ Épousseter			
▶ Passer l'aspirateur			
▶ Nettoyer le plancher			
BUREAU			
▶ Ranger les objets qui traînent			
▶ Épousseter			
▶ Passer l'aspirateur			
▶ Nettoyer le plancher			
SALLE(S) DE BAIN			
▶ Nettoyer le lavabo			
▶ Nettoyer le comptoir			
▶ Laver le miroir			
▶ Nettoyer la toilette			
▶ Nettoyer le bain			
▶ Nettoyer la douche			
▶ Ranger les objets qui traînent			
▶ Épousseter			
▶ Passer l'aspirateur			
▶ Nettoyer le plancher			

Les lunettes psychologiques

AUTRE(S) PIÈCE(S)	Fréquence	Responsable(s)	Degré de satisfaction (de 0/10 à 10/10)
▶ Ranger les objets qui traînent			
▶ Épousseter			
▶ Passer l'aspirateur			
▶ Nettoyer le plancher			
▶ Arroser les plantes			
▶ Sortir les poubelles			
▶ Nettoyer les fenêtres			
▶ Ranger les armoires et les garde-robes			
▶ Ranger le sous-sol			
▶ Ranger le garage			
▶ Planifier les achats des produits ménagers			
▶ Contrat d'entretien ménager (supervision, paye)			

LAVAGE

	Fréquence	Responsable(s)	Degré de satisfaction (de 0/10 à 10/10)
▶ Laver la vaisselle			
▶ Ranger la vaisselle			
▶ Ramasser le linge sale			
▶ Laver le linge sale			
▶ Plier le linge propre			
▶ Repasser			
▶ Ranger le linge propre			
▶ Laver les serviettes			
▶ Laver les draps			
▶ Nettoyeur (aller porter/chercher les vêtements)			

Les lunettes psychologiques

	Fréquence	Responsable(s)	Degré de satisfaction (de 0/10 à 10/10)
▶ Peinture			
▶ Menuiserie			
▶ Réparations mineures			
▶ Planification et achats liés aux travaux à faire			
▶ Contrat pour certains travaux (supervision, paye)			
▶ Changer les ampoules électriques, les piles des avertisseurs de fumée			

ENTRETIEN EXTÉRIEUR

	Fréquence	Responsable(s)	Degré de satisfaction (de 0/10 à 10/10)
▶ Tonte du gazon			
▶ Fertilisation du gazon			
▶ Plantations			
▶ Taille des arbustes et des arbres			
▶ Nettoyage régulier des meubles de patio			
▶ Entretien de la piscine			
▶ Ramassage des feuilles à l'automne			
▶ Préparation pour l'hiver (terrain et maison)			
▶ Déneigement de l'entrée			
▶ Déneigement du toit			
▶ Nettoyage du terrain au printemps			
▶ Gestion des produits et des équipements			
▶ Contrat pour certains travaux (supervision, paye)			

Les lunettes psychologiques

	Fréquence	Responsable(s)	Degré de satisfaction (de 0/10 à 10/10)
▶ Planification des repas			
▶ Achats			
▶ Préparation des repas			
▶ Préparation des lunchs			
▶ Dresser la table et desservir			
▶ Gestion des provisions (garde-manger, réfrigérateur, etc.)			

ENFANTS

	Fréquence	Responsable(s)	Degré de satisfaction (de 0/10 à 10/10)
▶ Soins (couches, bains, boires, etc.)			
▶ Discipline (établir les règles et les appliquer)			
▶ Routine du lever			
▶ Préparation pour l'école/la garderie			
▶ Transport (école, garderie, sports, loisirs)			
▶ Planification des repas pris à l'extérieur			
▶ Aide aux devoirs			
▶ Supervision de la préparation au coucher			
▶ Rencontres avec les professeurs			
▶ Rendez-vous (médecin, dentiste, coiffeur, etc.)			
▶ Activités spéciales à l'école/garderie			
▶ Assistance aux événements (sportifs et scolaires)			
▶ Planification et achats (vêtements, matériel scolaire, etc.)			
▶ Fêtes et anniversaires (invitations, cadeaux, etc.)			
▶ Réservation de la gardienne			
▶ Inscriptions (école, garderie, activités sportives, loisirs, etc.)			
▶ Contrat de gardienne à domicile (supervision, paye)			
▶ S'absenter du travail (ex. : quand un enfant est malade)			

Les lunettes psychologiques

FINANCES

	Fréquence	Responsable(s)	Degré de satisfaction (de 0/10 à 10/10)
▶ Planifier le budget			
▶ Faire les comptes et régler les factures			
▶ Planifier les dépenses fixes			
▶ Planifier les achats			
▶ Magasinage des choses courantes			
▶ Produire les déclarations d'impôts			
▶ Magasinage des contrats (hypothèque, assurances, etc.)			

VOITURE

	Fréquence	Responsable(s)	Degré de satisfaction (de 0/10 à 10/10)
▶ Faire le plein d'essence			
▶ Vérifier les niveaux de liquides et les pneus			
▶ Changements d'huile			
▶ Laver la voiture			
▶ Garage (planifier les rendez-vous et s'y présenter)			

ANIMAUX DOMESTIQUES

	Fréquence	Responsable(s)	Degré de satisfaction (de 0/10 à 10/10)
▶ Nourrir l'animal			
▶ Sortir le chien (pour une promenade ou pour ses besoins)			
▶ Changer la litière, la cage ou nettoyer la cour			
▶ Shampoings, taille des griffes			
▶ Domptage			
▶ Visites chez le vétérinaire			
▶ Planifier le gardiennage lors des absences			

Les lunettes psychologiques

Cibler ses forces

Il n'y a pas vraiment d'avantages à « avoir un TDAH ». Cependant, la personne atteinte de TDAH possède certainement des forces dont elle peut tirer parti. La clé du succès réside dans cette prise de conscience. Il s'agit alors de se les approprier, tout en étant réaliste quant aux handicaps présents. Il est ainsi plus facile de réduire l'impact des désavantages.

Voici une liste de certaines forces rapportées par des individus atteints de TDAH citées par la psychologue Kathleen Nadeau dans son livre *Adventures in Fast Forward* :

- **Efficace pour trouver des solutions novatrices**
- **Bon en situation de crise (action-réaction)**
- **Ne reste pas fâché longtemps**
- **Énergique**
- **Enthousiaste**
- **Capable d'improviser**
- **Très verbal**
- **Spontané**
- **Créatif**
- **Excitant**
- **Agréable à fréquenter**

Il est essentiel de découvrir quelles sont nos forces, de les apprécier et de nous appuyer sur elles pour grandir. Nous entourer de gens qui reconnaissent nos forces et qui nous aident à nous épanouir fait partie d'une stratégie saine pour tous, TDAH ou pas. Le Dr Edward Hallowell, un médecin psychiatre lui-même atteint de TDAH, souligne d'ailleurs l'importance des gens aidants et encourageants dans sa vie.

Autres ressources

Souvent, les adultes atteints trouveront du soutien auprès d'autres adultes atteints. Aux États-Unis, il existe un groupe bien structuré, le **Children and Adults with Attention Deficit/Hyperactivity Disorder** (CHADD), qui a d'ailleurs un excellent site Internet. Son équivalent au Canada est le **Centre for ADHD/ADD Advocacy** (CADDAC). Au Québec, un adulte qui vit avec un TDAH peut aller chercher de l'information et du soutien auprès de l'**Association québécoise des troubles d'apprentissage** (AQETA) et d'un regroupement appelé **Parents Aptes à Négocier le Déficit de l'Attention** (PANDA).

Les livres « grand public » sur le TDAH adulte sont souvent en anglais. La presse écrite, la radio, la télévision et Internet peuvent aussi être des sources d'information intéressantes.

Au Canada, il existe maintenant une association formée par des médecins cliniciens et chercheurs qui a comme objectifs d'augmenter le niveau de connaissances grâce à la recherche et l'éducation sur le TDAH et de promouvoir un diagnostic et des traitements adéquats : la **Canadian ADHD Resource Alliance** (CADDRA). Elle se donne aussi comme mandat de représenter les gens atteints et leurs proches auprès des instances gouvernementales et des ressources éducationnelles pour que les enfants, les adolescents et les adultes souffrant de TDAH aient accès à des ressources adéquates pour être diagnostiqués et traités de façon optimale.

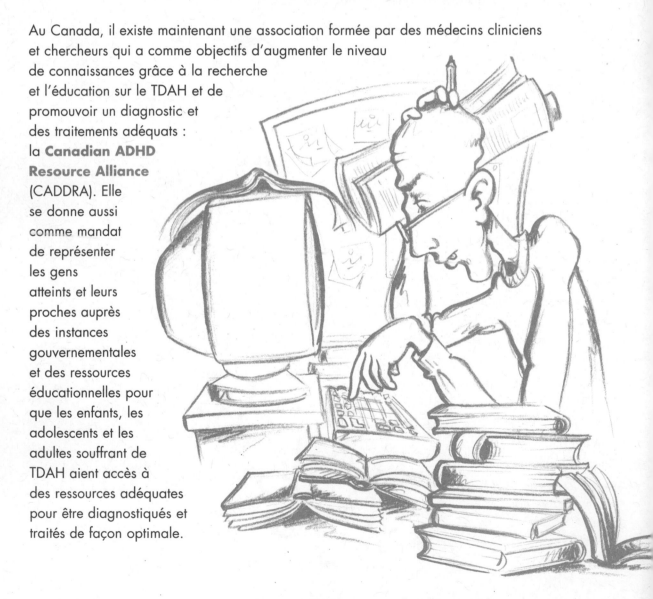

Attention !

Dans vos recherches, faites attention au charlatanisme et au sensationnalisme. Il faut être très critique et aborder les données présentées comme le ferait un scientifique. Par exemple, devant l'annonce d'un nouveau traitement qualifié de « révolutionnaire », il est préférable de se poser des questions de ce type :

▸ Quelle est la crédibilité de la source ?

▸ Les données rapportées ont-elles fait l'objet d'études ?

▸ Les théories sont-elles appuyées par des faits scientifiques ou sont-elles la compréhension ou la conception d'un seul individu ?

▸ Le traitement décrit apporte-t-il un outil novateur ?

▸ Le traitement a-t-il été testé sur de grands groupes de gens atteints ? Est-il sécuritaire ?

▸ Le traitement a-t-il été démontré efficace en comparaison avec les traitements standards et avec un placebo, c'est-à-dire une absence de traitement ? Est-il mieux toléré ?

▸ Combien coûte ce traitement ? (Calculer le coût en mettant dans la balance, d'un côté, les effets secondaires et le prix et, de l'autre côté, les effets bénéfiques.)

Aide spécialisée

Le traitement du TDAH nécessite souvent une **approche multimodale.** Nous avons déjà parlé de l'importance d'en apprendre davantage sur cette pathologie, mais aussi sur les techniques pour en réduire les handicaps. Le TDAH s'accompagne souvent d'autres problèmes qui nécessitent eux aussi des interventions.

Certains auront besoin d'une **aide professionnelle** pour y arriver. Une personne pourrait consulter un orthophoniste et un orthopédagogue pour travailler sur des problèmes d'apprentissage ; un éducateur spécialisé, pour apprendre comment mieux encadrer son enfant vivant avec un TDAH ; un travailleur social, pour régler des problèmes sociaux ou familiaux ; un orienteur, pour faire des choix éclairés d'études ou de carrière ; un conseiller financier, pour s'aider dans sa gestion ou pour réduire son endettement, ou encore un psychologue, pour travailler sur soi grâce à des psychothérapies précises. Malheureusement, les ressources spécialisées en TDAH chez l'adulte demeurent encore peu présentes à ce jour et elles gagneraient à se développer davantage.

Des études sont présentement en cours pour mesurer l'impact de **psychothérapies** sur les symptômes classiques du TDAH. Des résultats préliminaires suggèrent que **la psychothérapie peut être utile dans plusieurs cas,** particulièrement si elle intègre une approche cognitivo-comportementale visant à réduire l'impact dans le quotidien des symptômes du TDAH. En général, par rapport au TDAH, le psychologue travaille avec la personne à mieux se connaître, à canaliser ses forces et à réduire ses handicaps. Il peut aussi aider à travailler l'estime de soi et les relations sociales. Enfin, il peut la guider dans des périodes de crise en lui donnant des outils de gestion des émotions et de résolution de problème.

La **psychothérapie cognitivo-comportementale** a été démontrée comme particulièrement efficace dans le traitement des troubles anxieux et de la dépression, ainsi qu'en traitement d'appoint du TDAH chez l'adulte, en combinaison avec la pharmacothérapie. La **psychothérapie interpersonnelle** peut aussi être un outil intéressant dans les cas de dépression et certains cas de TDAH. Pour la personne atteinte de TDAH, il est primordial de sélectionner des approches structurées avec un focus bien établi. Certaines adaptations peuvent être offertes, comme la prise de notes pendant la séance ou l'enregistrement de l'entrevue. Le suivi peut être fait individuellement, en couple ou en famille.

La littérature américaine parle beaucoup de *coaching* **organisationnel.** Les gens font appel à des entraîneurs personnels qui les soutiennent, un peu comme les parents le font pour leur enfant ou une adjointe administrative pour le patron d'une entreprise. Il n'existe pas de formation particulière pour obtenir le titre de « *coach* de TDAH ». Il faut se méfier des entraîneurs improvisés. Parfois, c'est un proche qui fait office d'entraîneur. Cette dynamique peut être très utile, mais elle est souvent source de tensions. Une clarification des rôles et une bonne entente sont essentielles pour que cette option soit gagnante.

J'ai appris que ce dont je souffrais s'appelait le TDAH il y a deux ans. Toute ma vie, j'ai instinctivement trouvé et tenté d'appliquer des trucs pour réduire l'impact du TDAH dans mon quotidien. Comprendre ce qu'est le TDAH m'a permis de développer de nouvelles stratégies. Les efforts sont énormes et les résultats, pas toujours proportionnels à l'énergie déployée. J'oublie de regarder mon agenda. Je perds mon cinquième trousseau de clés, je suis souvent en retard au boulot et éparpillée dans mes tâches. La médication aide mon cerveau à mieux fonctionner. La brume se lève, mes idées s'organisent et mes actions aussi. Je suis moins stressée, car je suis plus fonctionnelle. Mon estime personnelle se consolide, j'ose bâtir des projets et je finis ce que je commence. Mes amis disent qu'ils me sentent plus présente. Pour moi, la médication a fait une différence. Ça me désole quand j'entends des gens qui, sans être informés, pestent contre la médication. Si seulement ils savaient !

Manon, 45 ans

Approches dites alternatives

Quelques études suggèrent l'apport potentiel d'une diète riche en oméga-3 pour améliorer le fonctionnement des personnes atteintes de TDAH ou de troubles d'apprentissage, de troubles de l'humeur légers et la santé cardio-vasculaire en général. Pour les gens souffrant du syndrome des jambes sans repos (qui peut parfois ressembler à la bougeotte décrite par les hyperactifs), des travaux européens évoquent que des suppléments de fer pourraient en réduire les symptômes si la personne a une réserve faible en fer (mesurée par un taux sanguin abaissé de ferritine). Jusqu'à maintenant, des recherches sont en cours, mais les résultats voulant que des techniques comme le neurofeedback auraient un effet thérapeutique net sur les symptômes du TDAH sont controversés. La prudence est de mise en attendant les résultats.

Attention !

On voit trop souvent des annonces où une personne vante en son nom personnel les mérites d'un produit X, car elle trouve que celui-ci l'a aidée. En l'absence de preuves démontrant un effet significatif sur un nombre important de gens, ce type d'allégation ne peut être retenu comme scientifiquement valide.

De plus en plus d'études portent sur les troubles du sommeil associés au TDAH et certains travaux de recherche démontrent un effet intéressant de l'utilisation ponctuelle de la mélatonine pour « remettre à l'heure l'horloge biologique ». Il n'y a cependant pas d'étude sur son utilisation à long terme (plus d'un mois). La personne atteinte qui choisit de tenter une de ces options devrait alors considérer la démarche comme une étude scientifique sur un seul individu, c'est-à-dire elle-même. Si une approche est efficace pour une personne, cela ne veut pas dire qu'elle le sera pour la majorité des gens atteints. **Pour tout nouveau traitement, que ce soit un médicament, un produit dit naturel ou une technique spéciale d'intervention, il faut toujours s'assurer qu'il a été testé et qu'il a reçu l'approbation officielle d'un organisme scientifiquement crédible.**

Aide-mémoire

SECTION 4

Rappelons-nous ici les principaux points présentés dans cette section :

▶ Il est essentiel de bien se connaître et de comprendre ce qu'est le TDAH pour développer des **trucs adaptatifs** (lunettes psychologiques) permettant de réduire l'impact des symptômes du TDAH.

▶ Parfois, les trucs adaptatifs suffisent pour avoir une bonne qualité de vie, parfois les symptômes de TDAH sont trop intenses et nécessitent aussi l'utilisation de médicaments (lunettes biologiques). **À chacun sa paire de lunettes !**

▶ Pour **plus de 50 %** des gens, le TDAH est associé à d'autres problèmes.

▶ La **psychothérapie** peut être utile dans plusieurs cas. L'accès à un groupe de soutien est souvent bénéfique.

Réflexions pour l'avenir

Malgré l'avancement des connaissances sur le TDAH chez les adultes, bien des points d'interrogation demeurent. La recherche est en pleine effervescence, les services s'organisent, les gens comprennent un peu plus ce qu'est le TDAH. Les mythes tombent.

Connaissant mieux le TDAH, vous pouvez, si vous le voulez, agir comme un catalyseur dans votre milieu et bâtir à votre façon un meilleur réseau d'aide pour les gens atteints de TDAH. Pour ceux-ci, le contenu du livre peut aussi être utilisé comme un tremplin vers un épanouissement personnel, dans la mesure où ils trouveront des lunettes qui leur conviennent.

Les pages qui suivent invitent à la consultation d'autres documents portant sur le TDAH.

Merci de votre attention !
Dr Annick Vincent

Ressources et références

PUBLICATIONS

❶ Ce symbole indique les ouvrages en français.

Adler, L., and Florence, M. (2006) *Scattered Minds : Hope and Help for Adults with ADHD.* New York : Putnam.

American Psychiatric Association. (1994) *DSM-IV : Diagnostic and Statistical Manual of Mental Disorders,* Fourth Edition, Washington DC : American Psychiatric Press.

❶ American Psychiatric Association. (1996) *DSM-IV : Manuel diagnostique et statistique des troubles mentaux* (4ᵉ éd.) (version internationale) (Washington, DC, 1995). Traduction française par J. D. Guelfi *et al.,* Masson : Paris.

Barkley, R. A. (1997) *ADHD and the nature of self control.* New York : Guilford Press.

Barkley, R. A. (2000) *Taking Charge of ADHD: The Complete Authoritative Guide for Parents.* New York : Guilford Press.

Barkley, R. A. (2005) *Attention Deficit Hyperactivity Disorder : A Handbook for Diagnosis and Treatment.* New York : Guilford Press.

Barkley, R. A., Murphy, K. R. and Fisher, M. (2008) *ADHD in Adults : What the Science Says.* New York : Guilford Press.

❶ Bélanger, S. et coll. (2008) *Le trouble de déficit de l'attention avec ou sans hyperactivité.* Montréal : CHU Sainte-Justine.

Brown, T. E. (2000) *Attention-Deficit Disorders and Comorbidities in Children, Adolescents and Adults.* Washington DC : American Psychiatric Press.

Brown, T. E. (2005) *Attention Deficit Disorder : the Unfocused Mind in Children and Adults.* New Haven, CT : Yale University Press.

❶ Desjardins, C. (2001) *Ces enfants qui bougent trop ! Déficit d'attention-hyperactivité chez l'enfant.* Montréal : Quebecor.

❶ Falardeau, G. (1997) *Les enfants hyperactifs et lunatiques.* Montréal : Le Jour.

❶ Gervais, J. (1996) *Le cousin hyperactif.* Montréal : Boréal Jeunesse.

Goldstein, S., and Ellison, A. T. (2002) *Clinician's Guide to Adult ADHD, Assessment and Intervention.* New York : Academic Press.

Hallowell, E. M., and Ratey, J. J. (2005) *Delivered from Distraction.* New York : Ballantine Books.

Hallowell, E. M., and Ratey, J. J. (1995) *Driven to Distraction : Recognizing and Coping with Attention Deficit Disorder from Childhood through Adulthood.* New York : Simon & Schuster.

Hallowell, E. M., and Ratey, J. J. (1996) *Answers to Distraction.* New York: Bantam Books.

Kelly, K., and Ramundo, P. (1996) *You Mean I'm not Lazy, Stupid or Crazy? A Fireside Book*. New York : Simon & Schuster.

Kolberg, J., and Nadeau, K. G. (2002) *ADD-Friendly ways to Organize Your Life*. New York : Routledge.

Kutscher, M. L. (2003) *ADHD Book : Living Right Now!* White Plains, New York : Neurology Press.

🄵 Lafleur, M., Pelletier, M.-F., Vincent, M.-F. et Vincent, A. (2010) *La maîtrise du TDAH chez l'adulte. Un programme de thérapie cognitive comportementale. Guide du thérapeute* (Adaptation française du livre de Steven A. Safren, Susan Sprich, Carol A. Perlman, Michael W. Otto): Québec: Direction de l'enseignement ISMQ.

🄵 Lafleur, M., Pelletier, M.-F., Vincent M.-F. et Vincent A. (2010) *La maîtrise du TDAH chez l'adulte. Un programme de thérapie cognitive comportementale. Manuel du client* (Adaptation française du livre de Steven A. Safren, Susan Sprich, Carol A. Perlman, Michael W. Otto): Québec: Direction de l'enseignement ISMQ.

🄵 Lavigueur, S. (2009) *Ces parents à bout de souffle : Un guide de survie*. Montréal : Quebecor.

🄵 Lecendreux, M. (2003) *L'hyperactivité*. Paris : Solar.

🄵 Le Heuzey, M.-F. (2003) *L'enfant hyperactif*. Paris : Odile Jacob.

🄵 Moulton Sarkis, S. (2008) *10 solutions contre le déficit d'attention chez l'adulte*. Saint-Constant : Broquet.

Nadeau, K. G. (1995) *A Comprehensive Guide to Attention Deficit Disorder in Adults : Research-Diagnosis-Treatment*. New York: Brunner/Mazel.

Nadeau, K. G. (1996) *Adventures in Fast Forward : Life, Love and Work for the ADD Adult*. New York : Brunner/Mazel.

Nadeau, K. G. (1997) *ADD in the Workplace : Choices, Changes and Challenges*. New York : Brunner/Mazel.

Nadeau, K. G., Littman, E. B., and Quinn, P. (1999) *Understanding Girls with AD/HD*. Silver Spring : Advantage Books.

Nadeau, K. G., Littman, E. B., and Quinn, P. (2002) *Understanding Women with AD/HD*. Silver Spring : Advantage Books.

Nadeau, K. G. (2006) *Survival Guide for College Students with ADHD or LD*. Washington DC : Magination Press.

🄵 Nadeau, K. G., Dion, E. B. (2006) *Champion de la concentration*. Saint-Lambert : Éditions Enfants Québec.

🄵 Pelletier, E. (2000) *Déficit de l'attention sans hyperactivité, compréhension et interventions*. Montréal : Quebecor.

Pera, G. (2008) *Is it You, Me, or Adult ADD? Stopping the Roller Coaster When Your Partner has - Suprise! - Attention Deficit Disorder*. San Francisco, 1201 Alarm Press.

Phelan, T. W. (2000) *All about Attention Deficit Disorder: Symptoms, Diagnosis and Treatment: Children and Adults*. Glen Ellyn, Illinois : Parent Magic inc.

Pinsky, S. C. (2006) *Organizing Solutions for People with Attention Deficit Disorder : Tips and Tools to Help you Take Charge of Your Life and Get Organized*. Glouchester : Fair Winds Press.

Quinn, P. O., Ratey N. A., Maitland, T. L. (2000) *Coaching College Students with AD/HD, Issues and Answers*. Washington DC : Advantage Books.

Ramsay, J. R., Rostain, A. L. (2007) *Cognitive Behavioral Therapy for Adult ADHD : An Integrative Psychosocial and Medical Approach*. New York, Routledge.

Safren, S. A., Perlman, C. A., Sprich, S., Otto, M. W. (2005) *Mastering Your Adult ADHD : A Cognitive Behavioral Treatment Program, Therapist Guide.* New York : Oxford.

Safren, S. A., Sprich S., Perlman C. A., Otto, M. W. (2005) *Mastering Your Adult ADHD : A Cognitive Behavioral Treatment Program, Client Workbook.* New York : Oxford.

(F) Saiag, M.-C., Bouliac, S., Bouvard, M. (2007) *Comment aider mon enfant hyperactif ?* Paris : Odile Jacob.

(F) Sauvé, C. (2000) *Apprivoiser l'hyperactivité et le déficit de l'attention.* Montréal : Hôpital Sainte-Justine.

Solden, S. (1995) *Women with Attention Deficit Disorder : Embracing Disorganization at Home and in the Workplace.* Grass Valley : Underwood Books.

Tuckman, A. (2007) *Integrative Treatment for Adult ADHD.* Oakland: New Harbinger Publications, Inc.

Tuckman, A. (2009) *More Attention, Less Deficit : Success Strategies for Adults with ADHD.* Speciality Press/A.D.D. Warehouse, U.S.

(F) Vincent, A. (2010) *Mon cerveau a besoin de lunettes : Vivre avec l'hyperactivité.* Montréal : Quebecor.

Vincent, A. (2008) *My Brain Needs Glasses : Living with Hyperactivity.* Québec : Impact ! Éditions (© Académie Impact, 2004).

Vincent, A. (2008) *My Brain Still Needs Glasses : Living with Hyperactivity.* Québec : Impact ! Éditions (© Académie Impact, 2007).

Weiss, G., and Hechtman, L. (1993) *Hyperactive Children Grown Up.* New York : Guilford Press.

Weiss, M., Hechtman, L. T., and Weiss, G. (1999) *ADHD in Adulthood: A Guide to Current Theory, Diagnosis and Treatment.* Baltimore : Johns Hopkins University Press.

Wender, P. H. (2002) *ADHD : Attention-Deficit Hyperactivity Disorder in Children, Adolescents and Adults.* Oxford : Oxford University Press.

DOCUMENTS AUDIOVISUELS CANADIENS

Bilkey, T. S. *ADHD Across the Lifespan.* The Bilkey ADHD Clinic. Barrie: Ontario. www.bilkeyadhdclinic.com.

(F) Vincent, A. et Lafleur, M. (2006) *Portrait du Trouble Déficitaire de l'Attention avec ou sans Hyperactivité.* Direction de l'enseignement - Institut universitaire en santé mentale - Centre hospitalier Robert-Giffard.

Nouveau nom depuis 2009 : Institut universitaire en santé mentale de Québec (ISMQ)

DVD aussi disponible en anglais : 418 663-5146

Clips disponibles sur le site www.attentiondeficit-info.com

Comme pour toute recherche sur le Web, nous vous conseillons de vérifier la crédibilité des sources de renseignements. Voici quelques sites intéressants.

www.aacap.org
American Academy of Child & Adolescent Psychiatry

www.aap.org
American Academy of Pediatrics

www.add.org
Attention Deficit Disorder Association (ADDA)

www.addvance.com
Answers to Your Questions about ADD (ADHD)

www.addwarehouse.com
Catalogue en ligne de ressources sur le TDAH

🅕 **www.aqeta.qc.ca**
Association québécoise des troubles d'apprentissage

🅕 **www.associationpanda.qc.ca**
Parents Aptes à Négocier le Déficit de l'Attention

www.caddac.ca
Centre for ADD/ADHD Advocacy, Canada

www.caddra.ca (bilingue)
Canadian ADHD Resource Alliance

www.chadd.org
Children and Adults with Attention Deficit/ Hyperactivity Disorder (CHADD)

🅕 **www.hypsos.ch**
Hyperactivité SOS Enfants (Genève)
HypadD Adolescents-Adultes

www.ldac-taac.ca
Learning Disabilities Association of Canada/ Troubles d'apprentissage - Association canadienne

www.ldanatl.org
Learning Disabilities Association of America

www.myadhd.com
Connecting Doctors, Parents and Teachers

www.nichcy.org
National Dissemination Center for Children with Disabilities

🅕 **www.ordrepsy.qc.ca**
Ordre des psychologues du Québec

www.skoach.com
Outil de gestion du temps créé par Dr Kathleen Nadeau (en anglais)

🅕 **www.tdah-france.fr**
Association d'aide aux personnes concernées par le Trouble Déficit de l'Attention/ Hyperactivité

🅕 **www.tdah.be**
Association TDAH Belgique

Consultez le site sur le TDAH développé par Dr Annick Vincent pour obtenir d'autres suggestions et conseils.
www.attentiondeficit-info.com

Lexique sympathique

La présence du symbole ✳ suggère de consulter le **DSM-IV** pour obtenir la définition médicale complète.

Anxiété

L'anxiété normale est une réaction d'adaptation qui nous permet de mieux faire face à un danger. Dans l'anxiété pathologique, les symptômes sont liés à une réaction excessive et exagérée devant un danger, qu'il soit perçu ou réel. Ces symptômes peuvent être physiques, comme une sensation de tension, des palpitations ou des difficultés à respirer. Ils peuvent aussi être mentaux. La personne va alors s'inquiéter ou s'imaginer des scénarios pessimistes et dramatiques. Quand quelqu'un est anxieux, il a souvent de la difficulté à se concentrer.

Anxiété d'anticipation

On désigne par cette expression les symptômes anxieux qui sont associés à l'appréhension d'un événement futur envisagé et qui prennent des proportions excessives. Par exemple, il est normal qu'un étudiant ressente une certaine anxiété par rapport à la passation d'un examen. Si cette anxiété devient envahissante et hors de contrôle au point de lui donner la nausée et de l'empêcher de dormir, elle prend des proportions excessives.

✳ Anxiété généralisée

L'anxiété généralisée est un type de trouble anxieux où la personne atteinte s'inquiète de tout et de rien et anticipe quotidiennement des scénarios négatifs et catastrophiques.

✳ Attaques de panique

Le trouble panique est un type de trouble anxieux où la personne atteinte présente des crises subites d'angoisse appelées attaques de panique. Parfois, les personnes atteintes vont aussi s'empêcher de faire certaines activités ou d'aller dans certains lieux dans l'espoir d'éviter le déclenchement d'une attaque de panique. On parle alors de comportement d'évitement ou d'agoraphobie.

Coaching organisationnel

Le *coaching* organisationnel est un terme développé par les Américains pour décrire le soutien étroit exercé par une autre personne, pas nécessairement un professionnel, dans le but d'aider quelqu'un à mieux s'organiser. Il n'existe pas de formation de base exigée, il n'y a pas de cours ou de diplôme pour pouvoir s'afficher *coach* organisationnel. Il est important de bien vérifier les compétences d'un tel *coach* avant de plonger tête première dans l'aventure.

✳ Dépression

La dépression est une maladie qui se manifeste par une humeur triste ou irritable la majeure partie du temps pendant au moins deux semaines de suite. Elle peut aussi engendrer un manque d'intérêt dans plusieurs sphères de la vie de la personne déprimée. La personne atteinte se sent vide de projets, « plus rien ne l'allume ». La dépression altère souvent le sommeil, l'appétit, le niveau d'énergie et la capacité à se concentrer. La personne a tendance à se culpabiliser, elle peut avoir des idées noires. La dépression sévère peut l'amener à se suicider. Elle doit être traitée en priorité. Les médecins utilisent en général des antidépresseurs. Certaines psychothérapies précises, comme celles de type cognitivo-comportementale et interpersonnelle, sont aussi des outils efficaces pour traiter la dépression. Les psychostimulants sont parfois utilisés dans la dépression quand la personne présente d'importants troubles attentionnels ou un manque d'énergie malgré les traitements usuels.

Difficultés cognitives

On utilise les mots « cognition » ou « fonctions mentales supérieures » pour faire référence à toutes les activités cérébrales qui régularisent, entre autres, les différents types d'attention et de mémoire, qui permettent le langage ou qui favorisent la capacité à planifier et à s'organiser. Les termes « difficultés cognitives » réfèrent à un problème touchant les fonctions mentales supérieures. Divers tests neuropsychologiques permettent de les mesurer.

Fonctions exécutives

Pour utiliser adéquatement l'information, les capacités attentionnelles doivent continuellement être mises en relation avec d'autres fonctions comme la mémoire des événements antérieurs et des apprentissages associés. Le cerveau doit garder en mémoire active plusieurs types d'informations de front, les manipuler, les trier, les comparer et agir, bouger, en fonction des données en stock, et ce, au moment opportun. La capacité à articuler toutes ces fonctions et à les orchestrer représente les fonctions exécutives, fonctions qui sont déficientes chez la personne atteinte de TDAH.

Hyper-réactivité des émotions

L'hyper-réactivité des émotions désigne le phénomène où la personne, à la suite d'une idée ou d'un événement, se sent envahie par une émotion. Le début est rapide et la fin abrupte. Par exemple, la personne se fâche subitement, explose en mots ou en gestes puis se calme tout aussi rapidement. De façon courante, les termes « avoir la mèche courte » ou « être à fleur de peau » désignent souvent ce phénomène. L'hyper-réactivité des émotions peut apparaître en raison de fatigue importante, au cours d'une dépression ou être présente au long cours chez quelqu'un atteint de TDAH.

Imagerie cérébrale fonctionnelle

Les examens qui permettent d'obtenir une image du cerveau en action sont regroupés sous les termes d'imagerie cérébrale fonctionnelle.

Lunatique

« Lunatique » est un terme utilisé pour désigner quelqu'un qui est « dans la lune », qui est perdu dans ses pensées ou qui est distrait.

✱ Maladie bipolaire

La maladie bipolaire est une maladie de l'humeur qui est cyclique et au cours de laquelle la personne atteinte retrouve en général son fonctionnement habituel entre les épisodes. Elle souffre à l'occasion d'épisodes dépressifs et présente à d'autres moments des phases d'accélération, appelées manie ou hypomanie selon le degré d'intensité des symptômes. À ces moments, tout va vite. La parole et les idées s'accélèrent, c'est plus qu'une bougeotte des idées. Le besoin de sommeil diminue alors que le niveau d'énergie augmente. La personne peut avoir des projets grandioses ou qui l'amènent à prendre des risques inhabituels, par exemple des dépenses exagérées, une prise de drogues ou une hypersexualité. Son humeur est euphorique ou encore irritable. La maladie bipolaire, comme la dépression, doit être traitée en priorité. La prise de psychostimulants peut débalancer la maladie bipolaire.

Pompe osmotique

Le mécanisme de distribution d'un médicament à l'aide d'une pompe osmotique utilise le principe de la diffusion de l'eau qui vient faire gonfler le compartiment pousseur et qui permet alors de faire pression sur le médicament pour l'expulser de la capsule au travers d'un petit orifice préalablement perforé. Le compartiment pousseur est en fait l'équivalent d'une éponge qui absorbe l'eau et qui prend du volume, ceci lui permettant alors d'exercer une pression, comme un piston.

Problème neurodéveloppemental

Le problème neurodéveloppemental désigne en médecine de façon très pointue un problème neurologique qui a des liens avec la façon dont le cerveau s'est développé.

Problème neurologique

Un problème neurologique fait référence à tout problème associé au mauvais fonctionnement des cellules nerveuses, qu'elles soient dans le cerveau ou dans le reste du corps.

Procrastiner

Le mot « procrastination » est un terme emprunté à l'anglais *to procrastinate* qui désigne la difficulté à se mettre en branle et la tendance à attendre à la dernière minute pour commencer une tâche, ou à la remettre sans cesse au lendemain. Le verbe procrastiner en est dérivé. Celui-ci est utilisé en langage courant, mais non officialisé dans les dictionnaires de la langue française.

Promédicaments

Les promédicaments sont des composés pharmacologiquement inactifs. Pour « libérer » le médicament actif, il doit y avoir une réaction biologique, comme une conversion enzymatique. Dans le cas de la lisdexamfétamine, un enzyme permet de couper le lien entre la lysine et la dextroamphétamine. Cette étape est progressive et permet une durée d'action prolongée. L'effet est le même, que le produit soit ingéré, injecté ou inhalé.

Psychothérapies

Les psychothérapies suivent des modèles théoriques développés par des chercheurs, des psychologues ou des psychiatres, pour expliquer le fonctionnement humain, ses émotions, son comportement et sa personnalité. Il existe plusieurs types de psychothérapies. Certaines ont été testées scientifiquement et ont démontré une efficacité clinique dans le traitement, entre autres, de la dépression et des troubles anxieux. Des études sont en cours pour établir leur efficacité pour le TDAH. Elles peuvent être complémentaires à l'utilisation d'un traitement médical pharmacologique. Le terme psychothérapie lui-même est souvent galvaudé. La psychothérapie est une démarche personnelle, encadrée par un thérapeute formé et effectuée selon un cadre clair. Elle vise à clarifier le problème, à l'explorer mais aussi à prendre des actions pour induire un changement. Elle n'est pas un processus passif.

Psychothérapie cognitivo-comportementale

La psychothérapie cognitivo-comportementale est un type de psychothérapie qui vise à réduire certaines visions distorsionnées de la réalité en procédant à des exercices de réflexion quant à ses craintes et à ses perceptions qui peuvent être faussées. Elle implique aussi des exercices de modification de comportements et demande à se mettre en action. Ce type de thérapie a démontré son efficacité dans le traitement des troubles de l'humeur, dont la dépression, et de l'ensemble des troubles anxieux. Des études récentes indiquent un intérêt potentiel de ce type d'approche en traitement d'appoint du TDAH chez l'adulte, en combinaison avec la pharmacothérapie.

Psychothérapie interpersonnelle

La psychothérapie interpersonnelle est fondée sur l'hypothèse que la dépression peut résulter de stresseurs sociaux. Le thérapeute tente d'aider l'individu à améliorer ses rapports avec les autres. Les causes décelées des problèmes sont le deuil, les phases de transition dans la vie, les conflits avec d'autres personnes ou un isolement social. Ce type de thérapie a démontré son efficacité dans le traitement de la dépression. Des études récentes indiquent un intérêt potentiel de ce type d'approche en traitement d'appoint du TDAH chez l'adulte, en combinaison avec la pharmacothérapie.

Système avec pilulier ou Dispill^{MD}

La médication peut être servie en pharmacie de façon standard, c'est-à-dire en mettant chaque sorte de comprimés dans une bouteille avec une étiquette indiquant les instructions à suivre. Il existe deux façons de servir la médication qui minimisent les oublis et les erreurs. Le système avec pilulier consiste en l'utilisation d'une boîte en plastique contenant des compartiments démarqués par jour ou par période du jour (matin, midi, souper, coucher), et ce, pour chaque jour de la semaine. Les comprimés sont alors placés au bon endroit, dans chaque case. La personne ouvre le compartiment qui correspond au moment de la journée et prend sa médication. Le système Dispill^{MD} utilise le même principe, mais il s'agit d'une plaquette préparée en pharmacie avec des compartiments scellés. Les compartiments peuvent être ouverts en déchirant le papier scellant.

Tests neuropsychologiques

L'évaluation neuropsychologique permet de préciser quelles sont les ressources cognitives dont un individu dispose et de préciser les atteintes de ses fonctions mentales supérieures. Cette démarche peut aider à préciser une hypothèse diagnostique et orienter la personne vers un traitement adéquat et ainsi lui permettre de s'adapter en fonction de ses capacités. Il existe une multitude de tests neuropsychologiques. Certains mesurent les divers types d'attention, d'autres, la mémoire, la planification ou l'intelligence. On appelle ces derniers des tests de quotient intellectuel. Un résultat anormal à ces tests n'est pas propre à un trouble ou à une maladie en particulier. Aucun test neuropsychologique ne permet de poser ou d'éliminer un diagnostic de TDAH hors de tout doute.

❋ Troubles anxieux

Certaines maladies entraînent le déclenchement de réaction d'anxiété excessive en l'absence de danger réel. Parmi celles-ci, on rencontre les troubles anxieux : l'anxiété généralisée, le trouble panique, la phobie sociale, le trouble obsessionnel-compulsif et le syndrome de stress post-traumatique. Les troubles anxieux peuvent entraîner un haut degré de handicap. Certaines psychothérapies et certains médicaments, dont les antidépresseurs, sont particulièrement efficaces dans le traitement des troubles anxieux.

❋ Trouble obsessionnel-compulsif

Le trouble obsessionnel-compulsif est un type de trouble anxieux où la personne atteinte présente des obsessions et se sent obligée de répéter certains gestes, aussi appelés compulsions.

Aussi disponibles

Mon cerveau a besoin de lunettes :
Vivre avec l'hyperactivité

« Au début, je croyais que j'étais tout seul à avoir ce problème. Mais mon docteur m'a dit qu'environ un enfant sur vingt souffre d'un TDAH. Ça veut dire qu'il y a probablement au moins un enfant par classe dans mon école qui en est atteint. Ça veut aussi dire que plein de gens ont le même problème que moi et peuvent trouver les solutions qui leur conviennent. »

Best-seller au Québec !

Ponctué de données instructives et de trucs efficaces, le journal imaginaire de Tom permet aux jeunes, aux parents et aux intervenants d'apprivoiser le trouble du déficit de l'attention avec ou sans hyperactivité. Amusant et imaginatif, **Mon cerveau a besoin de lunettes** est un livre indispensable pour mieux comprendre cette réalité, qui n'a rien d'imaginaire !

Dr Annick Vincent
48 pages ; 7 1/2 X 10 1/2"
ISBN 978-2-7640-1540-7
Les Éditions Quebecor

DVD - Portrait du trouble déficitaire de l'attention avec ou sans hyperactivité

55 minutes
ISBN 978-2-922451-26-9

Le PREMIER document audiovisuel en français qui traite du TDAH à travers les étapes de la vie! Ce document, ponctué de témoignages, se veut un outil pour mieux connaître et mieux vivre avec le TDAH. Le contenu se divise en cinq thèmes : tableau clinique, problèmes associés, données scientifiques, stratégies diagnostiques et traitements.

Une partie des profits générés par la vente de ce DVD sera versée au Fonds de l'enseignement de la Fondation Robert-Giffard.

Achevé d'imprimer au Canada
sur papier Enviro 100 % recyclé
sur les presses de Imprimerie Lebonfon Inc.

certifié procédé 100 % post- archives énergie
          sans   consommation permanentes biogaz
          chlore